中南财经政法大学会计·财务系列教材

《会计学原理》学习指导书

唐国平　主编

中国财政经济出版社

图书在版编目（CIP）数据

《会计学原理》学习指导书/唐国平主编．—北京：中国财政经济出版社，2008.3

（中南财经政法大学会计·财务系列教材）

ISBN 978－7－5095－0523－6

Ⅰ．会…　Ⅱ．唐…　Ⅲ．会计学－高等学校－教学参考资料　Ⅳ．F230

中国版本图书馆 CIP 数据核字（2008）第 025799 号

中国财政经济出版社 出版

URL：http://ckfz.cfeph.cn

E－mail：ckfz @ cfeph.cn

社址：北京市海淀区阜成路甲 28 号　邮政编码：100036

发行处电话：88190406　财经书店电话：64033436

北京财经印刷厂印刷　各地新华书店经销

880×1230 毫米　32 开　7.875 印张　210 000 字

2008 年 3 月第 1 版　2015 年 4 月北京第 5 次印刷

印数：11 081－12 090　定价：18.00 元

ISBN 978－7－5095－0523－6/F·0432

（图书出现印装问题，本社负责调换）

推 荐 说 明

本系列教材为财政部教材编审委员会推荐教材。

财政部教材编审委员会

2006年1月

中南财经政法大学会计·财务系列教材
编 审 委 员 会

总序

随着我国社会主义市场经济的建立和现代企业制度的进一步完善，以及资本市场的发展和经济全球化，对会计和财务管理人才的需求，不论从数量规模上，还是从知识结构及素质上，都有了更新和更高的要求。进一步深化会计教育改革，培养顺应时代需求的高素质会计、审计、财务管理人才，是我国会计教育界当前的紧迫任务。

在教学改革中，课程改革是关键，教材改革是基础。多年来，我们一直在努力探索会计学和财务管理专业的教育改革，尤其是教材改革问题。早在20世纪80年代初，根据当时我国社会经济发展和改革开放的形势，我们便对会计学专业主干课程教材进行了改革，提出了系统的改革方案。这一方案经财政部批准后作为财政部部属院校的两套会计学专业教改方案之一实施，并进行了相应的教材建设。

1993年，为了适应我国社会主义市场经济的建设，我国会计、财务制度进行了重大改革，全面实施了《企业会计准则》、《企业财务通则》和行业会计制度与行业财务制度，我们也及时对会计学专业主干课程体系进行了改革。早在1992年，我们就启动了中南财经大学的会计系列教材建设工作，编写出版了与之配套的“中南财经大学会计系列教材”。这套系列教材包括《会计学原理》、《企业会计学》、《企业成本学》、《企业财务学》、《审计学》、《管理会计学》和《企业特种会计》等七门主干课程的教材，由湖北科学技术出版社于1993年9月至1994年7月出版。在1994年举办的第六届全国书市上被评为最佳畅销套书，各种教材也分别获得第二届财政部优秀教材奖，受到广大读者、使用单位和出版界的好评与欢迎。此后，根据我国社会主义市场经济建设的发展和教学改革的深入，我们于1996年至1997年修订出版了第二版，在社会上产生了广泛和良好的影响。

进入新世纪后，无论是我国的经济体制改革、社会主义市场经济建设，还是会计、审计、财务改革都取得了巨大成就。形势的飞速发展、情况的不断变化，具体会计准则、独立审计准则的陆续发布与实施，高校会计学专业、财务管理专业的设置调整，迫切要求我们重新设计会计、财务管理专业主干课程并编写相应的教材，以适应改革的需要。为此，我们于2000年启动了第二轮中南财经政法大学会计系列教材建设工作。考虑到会计和财务管理学科和实际工作的密切关系，以及会计学专业和财务管理专业教学内容的一些共同点，我们将两个专业主要的专业主干课程教材并在一起，编写出版一套“中南财经政法大学会计·财务系列教材”，以避免教材编写上的重复。根据我国高等院校会计学专业和财务管理专业培养目标和教学改革的要求，经过反复论证，确定了本套系列教材包括：《会计学原理》、《中级会计学》、《高级会计学》、《成本会计学》、《财务管理》、《高级财务管理》、《管理会计学》、《审计学》、《财务分析》、《会计电算化教程》，以及为非会计学专业和非财务管理专业的本科生组织编写的《会计学概论》等十一门课程的教材，从2001年起陆续由中国财政经济出版社出版发行。

近年来，我国会计、财务改革进一步深化，会计的国际趋同成为当今会计发展的主流，会计教育改革也必须顺应这一历史发展潮流。因此，有必要对我们已经出版的会计·财务系列教材进行修订、充实和完善，经过反复论证并吸收了国内外相关院校对会计学专业、财务管理专业教材建设的经验后，从2005年起，我们启动了第三轮中南财经政法大学会计·财务管理专业的教材建设工作。本轮的教材建设，既考虑到会计学、财务管理专业的主干课程的需要，又兼顾到相关专业选修课的需要，经过教材编审委员会审定通过，确定了《会计学原理》、《中级财务会计》、《高级财务会计》、《审计学》、《会计理论》、《会计案例》、《审计案例》、《会计制度设计》、《会计信息系统》、《财务管理》、《高级财务管理》、《财务分析》、《财务管理案例》、《成本会计》、《管理会计》、《公司财务管理概论》、《政府及非营利组织会计》以及《财务会计》（非会计、财务管理专业用）等十八门核心课程的教材，从2006年起陆续由中国财政经济出版社出版发行。

在本次的教材建设中，我们继续坚持多年来奉行的教材建设“理论与实务并重，兼容并蓄，立足我国、放眼世界、大胆借鉴，务实创新”的原则，该系列教材具有“科学性、先进性、实用性和易教易学性”等四个特点：(1) 系统论述现代会计学科和财务管理学科的基本知识、基本理论和基本技能，全面反映我国经济改革和会计、审计、财务管理改革及学术研究的最新成果，体现教材的科学性；(2) 立足现实，面向未来，体现教材的先进性；(3) 既同国际趋同，又与中国的实际相结合，体现教材的实用性；(4) 充分尊重教学规律的要求，体现教材的易教易学性。

需要特别说明的是，2006年起新出版的“中南财经政法大学会计·财务系列教材”，继续得到了中国财政经济出版社以及许多兄弟院校和广大读者的热情支持与帮助，在此一并表示衷心的感谢！同时，我们也真诚地希望会计界、审计界、财务界的专家、学者和广大读者，以及实务界的朋友，对本套系列教材的方方面面，提出宝贵的意见和建议，以便再版时修订、完善。

中南财经政法大学会计·财务系列教材编审委员会

2006年1月

编写说明

"会计学原理"（或称"会计学基础"、"基础会计学"）课程，是会计学专业、审计学专业以及财务管理学专业必须开设的一门专业入门课程，也是经济学、管理学等相关专业开设的一门专业基础课程。该课程主要阐述会计学的基本原理、基本方法与基本技能，特别是微观企业经济组织会计信息系统运行（包括会计确认、计量、记录和报告）的基本理论与基本方法。该门课程知识体系的把握与理解，对后续专业课程或相关课程知识体系的学习十分重要。

本书以唐国平教授主编、中国财政经济出版社出版的中南财经政法大学会计·财务系列教材《会计学原理》（修订版）为基本依据编写而成。在内容上，本书注意吸收会计学科的最新研究成果，并充分体现了作者多年来从事"会计学原理"课程课堂教学、考试辅导以及命题阅卷等工作的相关经验与心得。作者所在高校的"会计学原理"课程，是首届（1995 年）及第二届（1997 年）、第三届（2001 年）湖北省高校优质课程，也是首届（2003 年）湖北省精品课程。因此，本书也是该校会计学原理课程教学团队教学经验的一次总结。

本书共分四部分。第一部分是“学习指导”，主要内容包括各章的学习提示、重要概念、重点与难点理解、补充习题；第二部分是“教材习题与案例解答”，按教材章节顺序为教材各章所附练习题提供参考答案，为各章案例分析题提供分析思路；第三部分是“补充习题解答”，为本书各章的补充习题提供参考答案，便于读者自己检查各章学习效果；第四部分是“模拟试题”，以仿真试题形式，全面检查读者学习“会计学原理”课程的收获与效果。

本书由唐国平教授任主编、施先旺副教授任副主编。唐国平教授编写第一章，艾红编写第二章，邓春华教授编写第三章，吴德军博士编写第四章和第五章，施先旺博士编写第六章，龚翔博士编写第七章，宋丽梦博士编写第八章，陈辉博士编写第九章和第十章。模拟试题由施先旺编写。唐国平和施先旺对本书进行总纂定稿。

在本书编写过程中，中南财经政法大学会计原理教研室全体教师就本书定位、内容安排、结构设计等提出了许多宝贵意见，中国财政经济出版社给予了大力支持和帮助，在此一并致谢！

本书适用于学习“会计学原理”（或“会计学基础”、“基础会计学”）课程的经济学、管理学各专业及其他学科专业的学生以及自学会计学基础知识的读者使用。对于书中存在的缺点、疏漏，欢迎各位专家、读者提出意见和建议！

编　者

2008年3月

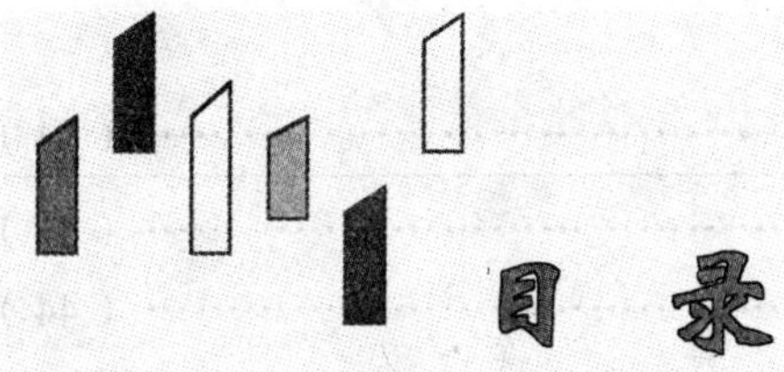

目 录

第一部分 学 习 指 导

第二部分 教材习题与案例解答

第三部分　补充习题解答

第四部分　模 拟 试 题

第一部分　学习指导

第一章　会计概述

一、学习提示

本章主要阐述了公司的治理结构与管理体系、企业会计的基本功能、会计的本质与目标、财务会计的基本内容、现代会计的发展架构等问题。通过本章学习，应当掌握会计的本质、会计目标、财务会计的基本内容，理解会计在企业管理中的基本功能，熟悉公司治理结构与管理体系以及现代会计的发展架构。

二、重要概念

1. 会计信息系统

会计信息系统是企业经济信息系统的一个子系统，其主要功能是将企业经济活动的各种数据转换为货币化的会计信息（即价值信息），这些信息是企业内部管理者和企业外部利益相关者进行相关经济决策的主要依据。

2. 财务会计

财务会计是指以向企业外部信息使用者（如投资者、债权人等）提供对其经济决策有用的会计信息为主要目标的会计信息系统。

3. 会计目标

会计目标是指会计信息系统运行的目的，其直接目的是为会计信息使用者提供对其经济决策有用的信息，根本目的（即企业目标）是优化企业资源配置、实现企业价值最大化。也称“财务会计与报告目标”或“财务报表目标”。

4. 会计信息

会计信息是指从会计视角所揭示的企业经济活动情况，主要包括企业的财务状况、经营业绩和现金流量等。会计信息是企业经济活动信息中具有价值特征的那部分信息。也称“财务会计信息”或“财务信息”。

5. 相关性

会计信息的相关性是指企业所提供的会计信息与信息使用者的决策需要相关联，即企业提供的会计信息能够实质性地影响信息使用者的决策行为，满足信息使用者的决策需要。

6. 可靠性

会计信息的可靠性是指会计信息能够真实地反映企业经济活动的实际情况，而不偏离甚至歪曲企业的经济活动。其实质是要求在对企业所发生的经济交易与事项进行会计确认、计量、记录和报告时，应当揭示企业经济活动的本来面目。

7. 实质重于形式

会计信息的实质重于形式是指企业应当依据经济交易与事项的实质或经济现实而不是仅依据其法律形式来记录和报告所发生的经济交易与事项，以确保会计信息真实、准确地反映企业的财务状况、经营业绩和现金流量情况。

8. 稳健性

会计信息的稳健性是指企业面对经济环境的不确定性因素，在使用专业判断、计量和披露会计信息时应当持谨慎（或稳健）的态度，其直接表现是不虚计企业资产或收益，也不少计企业负债或费用。也称“谨慎性”或“审慎性”。

三、重点与难点理解

（一）如何理解会计的本质？

会计本质问题涉及到对会计根本属性的认识和理解。我国会计学者在20世纪80年代曾经对会计本质问题进行过广泛、深入的讨论，主要形成了“会计信息系统论”、“会计管理活动论”、“会计控制论”等有代表性的关于会计本质的学术观点。然而，以美国学者为代表的西方会计学者的主流观点，还是认为会计是一个经济信息系统，但也不否认会计具有“控制”等管理职能。

正确理解会计的本质首先需要明确界定“会计”的内涵与外延。从现代会计发展现状来看，传统意义上的会计已经分化为以提供经济信息为目的的会计学和以实现控制功能为目的的企业财务学（微观控制）与审计学（宏观控制），而且，后者已经发展成为两个独立的管理控制系统。因此，现代会计发展框架下的以提供经济信息为目的的会计无疑具有“经济信息系统”的根本特征。会计作为一个经济信息系统，其主要特征是将企业经济活动的各种数据转换为货币化的会计信息（即价值信息），这些信息是企业内部管理者和企业外部的利益相关者进行相关经济决策的主要依据。

会计作为一个经济信息系统，具有一般信息系统的基本特征，如系统结构、系统功能以及系统有序运行等。同时，会计信息系统属于企业管理信息系统的一个子系统，其主要特征是为企业经营管理者和企业利益相关者提供货币化的财务信息。

（二）如何理解会计目标？

企业会计的目标是指企业会计行为的目的。首先，由于企业的会计行为属于企业管理行为的内容，因此，企业会计行为的目标必须服从于企业管理的整体目标。也就是说，企业会计的目标最终必须融汇于整个企业的目标，即"通过优化企业资源配置促使企业价值最大化"。其次，企业会计行为作为一种具有鲜明技术性的管理行为，其本身具有符合自身特性的工作目标，即"提供具有决策有用性的会计信息"。会计上，一般将其分别称为会计"终极目标"和"直接目标"。会计的直接目标体现了会计信息系统的基本要求和基本特征。同时，会计直接目标实际上是企业管理整体目标的次级目标，是实现企业整体目标的基础。

在英文会计文献中，会计目标就是"财务报告目标"或"财务会计与报告目标"，这种认识的前提条件实际上是认为会计就是一个以提供财务信息为目的的经济信息系统。

会计目标问题在会计理论研究中占有重要地位。现代财务会计理论体系的构建往往以会计目标为起点（如美国财务会计准则委员会发布的"财务会计概念公告"、国际会计准则委员会发布的《编报财务报表的框架》等），足见会计目标之重要。

（三）如何理解财务会计的基本内容？

对过去交易与事项的原始数据进行处理，并向投资者、债权人等企业利益相关者提供财务信息的会计信息系统，实际上是传统的"财务会计"信息系统。从该系统的构造来看，原始信息输入、信息加工与转换和会计信息输出是财务会计信息系统的基本环节。基于系统运行的会计特征，一般把财务会计信息系统区分为会计确认、会计计量、会计记录和会计报告等四个基本环节。其中，会计确认主要是识别、筛选能够以及应该进入会计信息系统的各种信息，会计计量主要是将经济数据予以货币化、转换为会计信息，会计记录主要是确认与计量的初始信息进行记载和分类汇总，会计报告则是按会计信息使用者要求全面汇总各类信息并输出具有决策价值的会计信息。

会计确认、计量、记录和报告是企业财务会计的基本内容，其相互关联、相互影响，并构成会计信息系统运行的基本程序。实际上，企业对于发生的每一项经济交易与事项，都必须先进行会计确认并采用特定方法计量其价值数量结果，再将会计确认和计量的结果记录在专门设立的会计账户中；会计期末，对会计账户提供的数据资料进行汇总，编制和提供符合利益相关者信息需要的财务报表（会计信息使用者的某些特殊要求可能会导致对财务报表中的相关信息进行再确认和重新计量）。会计信息系统的运行，实际上就是会计确认、计量、记录和报告周而复始不断进行的过程。

（四）如何理解现代会计在企业管理中的基本功能？

现代会计在企业管理中的基本功能是通过企业的财务会计系统和财务控制系统来实现的。企业财务会计系统的主要功能是借助于货币形式将企业的经济活动及其结果予以信息化，并将这些会计信息提供给企业外部和内部的各种信息使用者，以便于其进行相关经济决策。企业财务会计系统将会计信息提供给投资者、债权人等企业外部的利益相关者，维持了企业与其外部利益相关者之间的利益均衡关系（如投资者与企业之间的委托代理关系）。同时，对于企业内部各层次管理人员而言，会计信息是企业各项经营管理决策的基本依据。

企业财务控制系统的主要功能是负责整个企业的资金筹集、使用、分配等财务资源有效利用和优化配置工作。严格地讲，在市场经济条件下，企业全部资源的配置效果最终在企业财务资源的配置结果上，因此，财务控制在整个企业管理中具有重要地位。值得注意的是，企业财务资源的合理配置，必须以企业财务会计系统提供的财务信息为基本依据。

（五）如何理解会计信息的使用者及其需要？

与企业有利益关系的人或群体都希望了解企业的经营情况，从而需要使用企业提供的会计信息。国际会计准则委员会认为，会计信息的使用者包括现有的和潜在的投资者、雇员、贷款人、供应商和其他商业债权人、顾客、政府及其机构和公众，但主要的会计信息使用者是投资者、债权人、政府及其经济监管机构等群体，以及企业内部的经营管理者。

由于投资者的投资行为是以获利为目的的，投资者主要关心投资风险与投资报酬（收益），因此，企业的投资者主要通过反映企业获利能力、股利支付能力、未来现金流量等情况的会计信息来进行有关投资决策。企业的债权人主要包括提供银行借款的贷款人和作为供应商的商业债权人。

作为向企业提供贷款的银行以及类似银行的金融机构，主要关心其提供给企业的贷款本金与贷款利息能否按期得到偿还和支付；作为向企业提供商品或劳务的供应商等商业债权人，主要关心企业所欠款项能否如期偿还。作为企业的债权人，其主要通过反映企业偿债能力、债务支付能力等情况的会计信息来判断其债权的受偿程度，制定其债权策略。

相对于企业的政府具有双重身份，作为投资者身份的政府与企业一般投资者的信息需求并无差别，但作为社会管理者的政府及其经济监管机构需要借助于会计信息了解企业经济活动的整体情况，包括企业的获利能力、偿债能力、资金运营能力等；通过企业提供的有关经济活动的全部会计信息，政府及其经济监管部门可以判别企业的经济行为是否合法、是否有效。除监管企业的经济活动以外，企业提供的会计信息还可以作为政府决定经济政策（如税收政策）、统计国民收入等的信息基础。

企业为外部利益相关者提供的会计信息，同样被用于企业内部的经营管理。由于企业管理层的基本责任是通过合理配置企业经济资源从而实现企业价值最大化的目标，因此，企业管理层必须借助于会计信息对企业的财务状况、经营业绩、现金流量、企业的获利能力、偿债能力、资金营运能力、企业未来的发展能力与前景等予以全面、深入了解。

（六）如何理解会计信息的质量特征（质量要求）?

会计信息的质量特征实际上就是企业提供的会计信息应当达到的质量标准。会计信息质量特征是实现会计目标的基础，企业提供的会计信息具备了相应的质量特征，这些信息才能对使用者的经济决策具有“有用性”；会计系统本身就是一个对经济信息进行确认、计量、记录和报告的过程，因此会计信息质量特征实际上成为会计确认、计量、记录和报告的基本依据。

基于决策有用性的总体要求，会计信息质量特征是一个“质量标准体系”。从重要程度来看，这个体系包括主要质量特征及其他质量特征。会计信息的主要质量特征有相关性和可靠性。会计信息相关性要求企业所提供的会计信息与利益相关者的决策需要相关联，也就是企业提供的会计信息能够实质性地影响信息使用者的决策行为，满足信息使用者的决策需要。会计信息可靠性要求企业所提供的会计信息能够真实地反映企业经济活动的实际情况，而不偏离甚至歪曲企业的经济活动，其实质是要求企业以一种客观、公正、中立的立场来披露其财务会计信息，而不以某一利益相关者的意志为转移。只有具有可靠性的会计信息，才不会误导信息使用者的决策。除相关性和可靠性外，会计信息还应当具有可比性、及时性、重要性、可理解性、实质重于形式、稳健性等质量特征。

就单一的会计信息质量特征而言，不同质量特征之间有时存在一定程度的矛盾。比如，企业已经发生的交易与事项的信息无疑是可靠的，但相对于某些信息使用者或某些会计信息的内容而言，其不一定具备应有的相关性。反之，某些具有相关性的信息不一定十分可靠。因此，就特定企业来看，应当关注企业会计信息的整体质量特征而不是某一项质量特征。

四、补充习题

(一) 单项选择题

1. 企业是一种以(　　)为目的的经济组织。

A. 为外部及内部信息使用者提供对其决策有用的会计信息

B. 为消费者提供价廉物美产品

C. 通过优化其资源配置而获取经济利益

D. 通过材料采购、生产产品、销售产品而获取经济利益

2. 在我国，具有法人资格但其股权（股票）不能上市交易的企业是(　　)。

A. 独资企业　　B. 合伙企业

C. 股份有限公司　　D. 有限责任公司

3. 在公司制企业中，企业的权力机构是(　　)。

A. 监事会　　B. 股东会

C. 董事会　　D. 管理层

4. 下列关于企业财务会计部门的说法正确的是(　　)。

A. 财务会计部门是企业最重要的管理部门

B. 财务会计部门对公司总经理直接负责

C. 财务会计部门的主管称为 CFO（首席财务官）

D. 财务会计部门在机构设置上可以合二为一

5. 我国规定上市公司的年度报告需在次年的前四个月内披露，体现了会计信息的(　　)质量特征要求。

A. 重要性　　B. 相关性

C. 及时性　　D. 可理解性

6. 规范企业对外提供会计信息行为的主要标准是(　　)。

A. 会计确认　　B. 会计计量

C. 会计准则　　　　　　　　　D. 会计报告

7. 在美国，企业会计准则的正确称谓是(　　)。

A. 一般公认会计原则　　　　　B. 国际会计准则

C. 国际财务报告准则　　　　　D. 财务会计准则

8. 1494 年，卢卡·帕乔利所著的(　　)一书问世，为复式簿记作为一种科学记账方法的完善及其在整个欧洲及世界范围内的普及与应用奠定了基础。

A. 计算与记录详论　　　　　　B. 复式簿记

C. 会计思想史　　　　　　　　D. 算术、几何、比及比例概要

9. 下列关于会计信息使用者的说法错误的有(　　)。

A. 企业的利益相关者都是企业会计信息的使用者

B. 会计信息使用者包括现实的和潜在的使用者

C. 会计信息使用者除关于其自身特殊需求的信息外也关注共同性的会计信息

D. 投资者等根据企业提供的会计信息即可做出正确的经济决策

10. 下列关于企业会计行为的说法错误的有(　　)。

A. 企业会计行为属于企业的管理行为，因而具有管理特性

B. 企业财务会计行为包括控制经济资源的配置和提供会计信息

C. 企业财务会计行为的后果影响“社会公共利益”，因而必须接受政府的会计管制

D. 企业对外提供会计信息的行为主要包括会计确认、计量、记录和报告

(二) 多项选择题

1. 企业向投资者、债权人等外部信息使用者提供的会计信息具有以下特征(　　)。

A. 会计信息是以货币进行计量的信息

B. 会计信息主要是以货币进行计量的信息

C. 会计信息可以连续、综合地揭示企业经济活动情况

D. 会计信息可以连续、综合地揭示企业经济活动的全部情况

2. 下列各项中属于会计信息的有(　　)。

A. 企业的资产总规模　　B. 企业的员工总人数

C. 企业的年销售收入总额　　D. 企业的机器台数

3. 某企业外部的会计信息使用者主要包括(　　)。

A. 拥有该企业20%股权的W公司

B. 为该企业提供5 000万元长期贷款的X银行

C. 在企业工作21年的总经理李阳

D. 该企业所在地的国家税务局

4. 从功能角度区分，现代会计学形成的分支学科包括(　　)。

A. 信息会计学（会计学）　B. 财务会计学

C. 企业财务学　　D. 审计学

5. 就会计信息提供而言，企业的会计信息处理主要包括(　　)。

A. 以财务报告的方式向信息使用者提供其所需要的会计信息

B. 确定或认定企业所发生的经济交易与事项是否进入会计系统进行处理

C. 计算和衡量企业经济资源的价值变动结果

D. 以会计特有的方式记载各种会计信息及其生成过程

（三）判断题（对的打○，错的打×）

1. 在现代经济社会，获得经济收益是企业经济组织的根本目的。(　　)

2. 企业提供的会计信息首先用来满足企业内部经营管理者的需要。(　　)

3. 企业的会计信息实际上就是其提供的财务报表信息。(　　)

4. 债权人特别关注企业的偿债能力，同时也关注企业的获利能力。(　　)

5. 会计信息质量特征（质量要求）是用来衡量会计信息质量的基本标准。(　　)

6. 会计信息的重要性质量特征要求对企业所发生的金额较大的经济交易的相关信息予以详细披露。（　）

7. 会计信息的一致性（或一贯性）是指不同企业之间的会计信息、同一企业前后期间的会计信息具有可比性。（　）

8. 相关的会计信息不一定具有可靠性，可靠的信息不一定具有相关性。（　）

9. 会计的产生是基于对人类生产活动进行管理的客观需要。（　）

10. 会计国际化现象说明了会计的发展受制于经济环境的变化。（　）

第二章　企业经济活动与会计要素

一、学习提示

本章主要阐述以现金流转为核心的企业资金运动过程及其特征，资产、负债、所有者权益、收入、费用和利润等会计要素的含义、构成内容及基本关系，经济交易的基本类型等问题。通过本章学习，应当掌握以现金流转为核心的企业资金运动的基本规律，掌握会计要素的含义、构成内容及基本关系，经济交易与事项的基本类型，了解企业经济活动的基本内容。

二、重要概念

1. 经营活动

经营活动是指企业所进行的原材料采购与产品的生产及销售或者商品的购进与销售以及与此相关的活动，是企业主要的经济活动。

2. 投资活动

投资活动是指企业基于获利目的而持有其他企业的股权或债权等，如购买及转让其他公司发行的股票或债券等。

3. 筹资活动

筹资活动即企业的融资活动，是企业根据生产经营、对外投资、调整资本结构的需要，通过资本市场，运用筹资方式，经济有效地筹集资金的财务活动，是企业经济活动有序进行的基本保证。

4. 资金

资金是企业经济资源的货币表现形式或价值表现形式。

5. 资产

资产是指企业过去的交易或者事项形成的、由企业拥有或者控制的、预期会给企业带来经济利益的资源。

6. 负债

负债是指企业过去的交易或者事项形成的、预期会导致经济利益流出企业的现时义务。

7. 所有者权益

所有者权益是指企业资产扣除负债后由所有者享有的剩余权益。包括投资者向企业投入资本以及企业经济活动中产生的资本增值。

8. 收入

收入是指企业在日常活动中形成的、会导致所有者权益增加的、与所有者投入资本无关的经济利益的总流入。

9. 费用

费用是指企业在日常活动中发生的、会导致所有者权益减少的、与向所有者分配利润无关的经济利益的总流出。

10. 利润

利润是指企业在一定会计期间的经营成果。利润包括收入减去费用后的净额、直接计入当期利润的利得和损失等。

11. 会计等式

会计等式也称为会计方程式或会计平衡式，是指利用数学等式，对会计要素或项目之间的内在经济联系所做出的概括和科学表达，用来说明会计要素变动所体现的企业经济活动的内在规律。

12. 经济交易

经济交易指企业与其他经济实体之间所发生的商品或劳务交换、资产转移、款项结算等经济活动。

三、重点与难点理解

（一）如何从会计角度理解企业经济活动及其资金运动的特征？

企业的生产经营活动十分复杂。企业会计行为对企业经济活动信息的披露以及企业财务行为对企业经济资源配置的控制，不可能穷尽企业经济活动的全部内容，而只能是企业经济活动中能够以价值形式来表现的那部分内容，即企业的资金运动。实际上，企业资金运动是企业经济活动的价值（或货币）表现形式。企业资金运动也是从会计视角对企业经济活动的一种认识结果。企业会计系统所披露的资金运动信息实质上是从会计视角所披露的企业经济活动的信息。企业会计信息并不构成企业经济信息的全部内容，但会计信息是企业经济信息的最重要内容。

企业的资金运动具有以下基本特征：

1. 企业的资金运动以现金为核心。企业的经济活动实际上表现为始于现金、终于现金的现金流转过程。企业现金的流转过程，不仅再现了企业的经济活动过程，而且内含了企业真实经济收益的各种信息。

2. 企业的资金流转具有关联性和有序性。

3. 企业资金运动具有增值特性。企业经济资源的价值增值实际上就是在其资金周而复始的流转过程中实现的。

生产性企业的资金运动过程及内容如图 2－1 所示。

（二）会计要素确立的依据与基本思路是什么？

会计要素是对企业资金运动内容所进行的基本分类，其实质是从会计角度对企业经济活动内容进行的一种基本分类。因而，会计要素的确立首先必须以企业经济活动及其资金运动的内容与客观规律为依据。同时，从会计系统的目标来看，由于会计信息实质上就是企业经

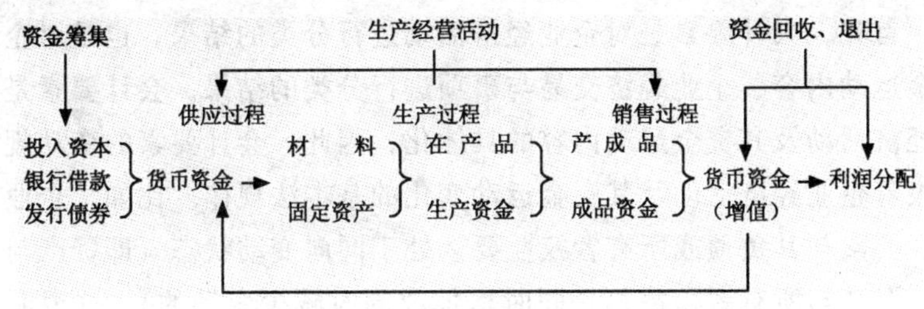

图2-1

济活动及其资金运动的相关信息，因此，会计要素的确立还必须考虑会计信息使用者的需要，以便使得会计要素成为会计信息内容形成的基础或基本依据。

从企业经济活动的客观规律或会计信息使用者的要求出发来确立会计要素及其体系，是现行主要会计准则制定机构所采取的基本思路。从企业经济活动的内容及其客观规律出发确立会计要素，其内容及其体系结构更具逻辑性，如我国企业会计准则所确立的资产、负债、所有者权益、收入、费用、利润等会计要素。

从会计信息使用者需求出发确立会计要素，更能体现会计目标的内在要求，并且由于会计信息使用者的具体要求往往体现在财务报表内容上，因而使得会计要素成为财务报表信息构成的基本依据，如美国财务会计准则所确立的资产、负债、权益、业主投入、业主派得、收入、费用、利得、损失、全面收益等会计要素（会计要素因此也被称为“财务报表要素”）。

一般而言，既遵循企业经济活动的客观规律又体现会计目标的要求，这样确立的会计要素及其体系结构会较为科学。

（三）如何理解会计要素之间的基本关系？

会计要素是从会计视角对企业经济活动内容进行分类的结果，因此，会计要素之间的关系体现了企业经济活动的基本规律。从形式上看，“资产＝负债＋所有者权益”、“收入－费用＝利润”会计等式基本说明了相关要素之间的基本关系（但并不完整）。

首先，会计要素是对企业经济活动进行分类的结果，也是对企业资金运动内容、企业经济交易与事项进行分类的结果，会计要素是企业经济活动及其资金运动内容的具体化，因此，会计要素的变动规律代表着企业经济活动及其资金运动变化的基本法规律。比如，企业的资产要素与其负债或所有者权益要素处于同向变动状态（即资产与负债、资产与所有者权益总是同时增加或同时减少变动的），这说明了企业的增资与减资交易、举债与偿债交易的变化规律。

其次，“资产 = 负债 + 所有者权益”的会计等式主要说明资产、负债、所有者权益三要素之间的关系，特别是该等式体现的经济活动变化（主要包括企业的增资与减资交易、举债与偿债交易）的基本规律；“收入 - 费用 = 利润”会计等式主要揭示收入、费用与利润的数量关系，而并不表现收入交易、费用交易与利润交易的相关关系。实际上，资产要素是收入、费用、利润要素之间关系的联结点，因为收入、费用以及利润要素的变化都以资产要素为物质基础和实际表现形式。

最后，从企业经济活动的基本规律来看，资产要素是所有会计要素变动的聚焦点，也是企业经济活动及其资金运动的核心。实质上，企业所发生的绝大多数经济交易与事项，都会导致资产要素发生变化，而且，企业的生产经营过程实质上就是“资产变现”的过程。因此，资产要素与负债、所有者权益、收入、费用、利润等要素之间具有内在联系。

（四）如何理解经济交易与事项的分类？

会计上的经济交易与事项，是指导致企业经济活动及其资金运动发生变化的行为，比如企业购买原材料、企业销售产品、企业从银行取得借款等。从这种意义上看，企业经济活动、企业资金运动是“整体概念”，而企业经济交易与事项是“单项概念”。

会计要素是企业经济活动及其资金运动内容的基本分类或“构成元素”，企业的经济交易与事项发生必然引起特定的会计要素发生变动，因此，通过会计要素的变动现象或规律可以对企业经济交易与事项的基本类型等予以深刻认识。为此，从会计要素变动角度可以将企业的经济交易与事项分类六种基本类型：

1. 引起资产要素与负债或所有者权益要素同时发生增加变动的经济交易与事项，如企业吸收投资、举债的交易；

2. 引起资产要素与负债或所有者权益要素同时发生减少变动的经济交易与事项，如企业减少注册资本、偿还债务的交易；

3. 引起资产要素内部不同项目发生有增有减变动的经济交易与事项，如以现金购入原材料、收回应收款项等；

4. 引起负债要素与所有者权益要素或所有者权益要素内部不同项目之间发生有增有减变动的经济交易与事项，如“债转股”、资本公积转赠股本等；

5. 引起资产要素与收入要素同时发生增加变动的经济交易与事项，如企业销售产品取得收入等；

6. 引起资产要素与费用要素发生有增有减变动的经济交易与事项（实为相互转化），如以现金支付办公费用等。

从会计要素角度对企业经济交易与事项进行分类，便于分析和记录企业所发生的经济交易与事项，为记账方法的运用奠定基础。值得说明的是，严格地讲，上述六种类型的经济交易与事项并未包括企业经济交易与事项的全部内容，比如企业在预收款销售方式下会产生“收入增加、负债减少”的经济交易，但这六种经济交易与事项是最具典型的交易与事项。同时，应当注意的是，在这六种经济交易与事项中，资产要素及其变动是核心，说明涉及资产要素的经济交易与事项是企业最重要、最关键的经济事项。

除从会计要素变动角度对经济交易与事项进行分类外，还可从现金流转角度对经济交易与事项进行分类，该分类便于提供企业的现金流量信息。

四、补充习题

（一）单项选择题

1. 资产、负债和所有者权益是资金运动的(　　)。

A. 存在形态　　B. 动态表现

C. 静态表现　　D. 形成来源

2. 收入、费用、利润三要素是企业资金运动的(　　)。

A. 静态表现　　B. 动态表现

C. 综合表现　　D. 结构表现

3. 负债指过去的交易、事项形成的现时义务，履行该义务预期会导致(　　)流出企业。

A. 货币资金　　B. 资产或劳务

C. 财产　　D. 经济利益

4. 下列业务不属于经济交易与事项的是(　　)。

A. 用银行存款购买材料　　B. 生产产品领用材料

C. 企业自制材料入库　　D. 与外企业签定购料合同

5. 企业为生产产品而发生的应当按照一定的标准分配计入生产经营成本的是(　　)。

A. 直接费用　　B. 期间费用

C. 间接费用　　D. 管理费用

6. (　　)是指与产品生产无直接关系，属于经营管理过程中发生的，不计入产品成本，而直接计入当期损益的费用。

A. 间接费用　　B. 制造费用

C. 预付费用　　D. 期间费用

7. (　　)是对会计对象的具体内容所作的基本分类。

A. 会计要素　　B. 会计科目

C. 会计对象　　D. 会计账户

8. 我国企业会计准则强调作为会计要素的收入，是企业日常发生的销售商品或提供劳务等经济交易与事项中实现的(　　)。

A. 营业收入　　B. 投资收益

C. 全部收入　　D. 营业收入和利得

9. 某企业月初资产总额 1 000 万元，负债总额 200 万元，本月发生以下交易与事项：(1) 向银行借款 100 万元存入银行；(2) 用银行存款偿还应付账款 50 万元。则月末所有者权益总额为(　　)。

A. 900 万元　　B. 800 万元

C. 850 万元　　D. 115 万元

10. 下列经济交易与事项中，影响会计等式资金总额发生变化的是(　　)。

A. 以银行存款 50 000 元购买材料

B. 结转完工产品成本 40 000 元

C. 购买机器设备 20 000 元，货款未付

D. 收回客户所欠的货款 30 000 元

11. 某企业采购员预借差旅费，所引起的金额变动为(　　)。

A. 一项资产增加，一项负债增加

B. 一项资产增加，另一项资产减少

C. 一项资产减少，一项负债减少

D. 一项负债增加，另一项负债减少

12. 企业的资产都是从一定的来源取得的，资金取得或形成的来源渠道，在会计上称作(　　)。

A. 资产　　B. 负债

C. 所有者权益　　D. 负债和所有者权益

13. 净资产是(　　)。

A. 全部资产减去权益的余额

B. 全部资产减去全部所有者权益的余额

C. 全部资产减去全部负债的余额

D. 全部资产减去发生的损失的余额

14. 下列说法，符合“资产＝负债＋所有者权益”会计等式的是(　　)。

A. 资产和负债项目的一增一减

B. 资产和负债项目的同增或同减

C. 负债及所有者权益项目的同增或同减

D. 资产内部项目的同增或同减

15. 将企业资产和负债区分为流动和长期的前提是(　　)。

A. 会计主体　　B. 持续经营

C. 会计分期　　D. 货币计量

16. (　　)作为一种资本储备形式，是可以转化为资本金的资本准备。

A. 实收资本　　B. 资本公积

C. 盈余公积　　D. 未分配利润

17. 生产企业销售材料收入属于(　　)。

A. 基本业务收入　　B. 营业外收入

C. 其他业务收入　　D. 投资收益

18. 关于损失，下列说法中正确的是(　　)。

A. 损失是指由企业日常活动所发生的、会导致所有者权益减少的、与向所有者分配利润无关的经济利益的流出

B. 损失是指由企业非日常活动所发生的、会导致所有者权益减少的、与向所有者分配利润无关的经济利益的流出

C. 损失只能计入所有者权益项目，不能计入当期利润

D. 损失只能计入当期利润，不能直接计入所有者权益项目

19. 企业所拥有的资产从财产归属来看，一部分属于投资者，另一部分属于(　　)。

A. 企业职工　　B. 债权人

C. 债务人　　D. 企业法人

20. 一个企业的资产总额与权益总额(　　)。

A. 必然相等　　B. 有时相等

C. 不会相等　　　　　　　D. 只有在期末时相等

(二) 多项选择题

1. 企业资金运动的动态要素包括(　　)。

A. 权益　　　　　　　　B. 费用

C. 收入　　　　　　　　D. 利润

2. 资产是(　　)的经济资源。

A. 能以货币计量其价值　　B. 具有实物形态

C. 企业拥有或者控制　　　D. 能给企业带来未来经济利益

3. 企业的资产按流动性分为(　　)。

A. 原材料　　　　　　　B. 流动资产

C. 长期资产　　　　　　D. 无形资产

4. 所有者权益与负债有着本质的不同，即(　　)。

A. 两者对企业资产有要求权的先后顺序不同

B. 偿还期不同

C. 享受的权利不同

D. 风险程度不同

5. 下列项目属于收入要素的有(　　)。

A. 主营业务收入　　　　B. 利得

C. 其他业务收入　　　　D. 本年利润

6. 企业的收入具体表现为一定期间(　　)。

A. 企业负债的减少　　　B. 现金或银行存款的流入

C. 企业其他资产的增加　D. 企业负债的增加

7. 企业费用具体表现为一定期间(　　)。

A. 现金或银行存款的流出　B. 企业其他资产的减少

C. 企业负债的减少　　　　D. 企业负债的增加

8. 属于流动资产的内容有(　　)。

A. 存放在银行里的存款　　B. 存放在仓库里的材料

C. 厂房机器　　　　　　　D. 企业办公楼

9. 下列关于会计要素之间关系的说法正确的是(　　)。

A. 费用的发生，会引起资产的减少，或引起负债的增加

B. 收入的取得，会引起资产的减少，或引起负债的增加

C. 收入的取得，会引起资产的增加，或引起负债的减少

D. 所有者权益的增加可能引起资产的增加，或引起费用的减少

10. 下列关于资产的特征说法正确的有(　　)。

A. 必须为企业现在所拥有或控制

B. 必须能用货币计量其价值

C. 必须是有形的财产物资

D. 必须具有能为企业带来经济利益的潜力

11. 反映企业财务状况的会计要素有(　　)。

A. 资产　　B. 收入

C. 所有者权益　　D. 负债

12. 下列项目属于所有者权益要素的有(　　)。

A. 投资收益　　B. 盈余公积

C. 实收资本　　D. 应付利润

13. 以下各项属于固定资产的是(　　)。

A. 为生产产品所使用的机床　B. 正在生产中的机床

C. 已生产完工验收入库的机床　D. 已购入并已安装完毕的机床

14. 若一项经济交易发生后引起银行存款减少 5 000 元，则相应地有可能引起(　　)。

A. 固定资产增加 5 000 元　B. 短期借款增加 5 000 元

C. 管理费用减少 5 000 元　D. 应付账款减少 5 000 元

15. 会计平衡公式或称会计方程式列示(　　)。

A. 资产 = 负债 + 所有者权益

B. 资产 = 权益

C. 资产 = 负债 + 所有者权益 + （收入 - 费用）

D. 资产 = 负债 + 所有者权益 + 利润

16. 下列经济业务中，不会使资产和权益同时增加的有(　　)。

A. 以银行存款归还银行借款

B. 生产产品领用材料

C. 以资本公积转增资本

D. 收到购货单位预付的款项并存入银行

17. 下列费用中，应计入期间费用的是(　　)。

A. 行政管理部门人员工资　　B. 产品销售的广告费

C. 短期借款的利息支出　　D. 采购人员的差旅费

18. 下列各项目中，正确的经济交易类型有(　　)。

A. 一项资产增加，一项所有者权益减少

B. 资产与负债同时减少

C. 一项负债减少，一项所有者权益增加

D. 资产与所有者权益同时增加

19. 关于"资产 = 负债 + 所有者权益"的会计等式，下列提法正确的是(　　)。

A. 它反映了会计静态要素之间的基本数量关系

B. 它反映了会计静态要素与会计动态要素的相互关系

C. 资产和权益的对应是一一对应

D. 是编制资产负债表的理论基础

20. 会计要素的划分意义在于(　　)。

A. 会计要素的划分在会计核算中具有重要作用

B. 会计要素是对会计对象进行的科学分类

C. 会计要素是设置会计科目的基本依据

D. 会计要素是构成会计报表的基本依据

(三) 判断题 (对的打○，错的打×)

1. 所有者权益是企业投资者对企业资产的所有权，包括实收资本加上未分配利润。(　　)

2. 所有经济交易或事项的发生，都会引起会计方程式两边资金总额发生变化，但不破坏会计方程式的平衡相等关系。(　　)

3. 收入的取得一定表现为企业资产的增加。( )

4. 企业的投入资本就是企业的注册资本。( )

5. 费用按其内容可以分为生产成本、销售费用、管理费用和直接费用四大类。( )

6. 资产与权益是两笔资金的同一方面。( )

7. 资产可以是货币，也可以是实物；可以是有形的，也可以是无形的。( )

8. 收到货币资金并非都是营业收入，但支出货币资金都是营业成本和费用。( )

9. 按照资本保全原则，企业筹集到资本金后，在企业生产经营期间，投资者除依法转让外，一般不得抽回投资。( )

10. 一项经济交易的发生引起负债的增加和所有者权益的减少，没有破坏会计方程式的平衡相等关系。( )

11. 企业取得收入意味着利润便会形成。( )

12. 资产与权益在数量上始终是相等的。( )

13. 企业资产来源渠道不外乎两个方面，投资者投入及企业盈利。( )

14. 在本质上利润与盈余公积一样属于投资者所有，所以，利润应归于所有者权益要素。( )

15. 所有者权益是企业投资者对企业资产的要求权，在数量上等于总资产减去总负债的余额。( )

16. 确定了收入要素和费用要素的数量也就确定了利润要素的数量。( )

17. 只要是企业拥有或控制的资源就可以确认为企业的资产。( )

18. 资产 = 权益这一会计等式在任何时点上都是平衡的。( )

19. 所有者权益是企业投资人对企业净资产的所有权，其大小由资产与负债两要素的大小共同决定。( )

20. 应收账款、预收账款、其他应收款均为资产。( )

（四）分析计算题

1. 目的：熟悉会计要素的基本内容。

资料：赛达公司于 2006 年 12 月 1 日成立。收到大华以厂房、机器设备等投入的资金 10 000 000 元，收到大成公司以材料投入的资金 6 000 000 元，收到小洋公司以货币资金投入的资金 4 000 000 元。同时从市工商银行取得 1 年期借款 1 000 000 元。

要求：

（1）计算该公司成立日的流动资产数额、长期资产数额、资产总额；

（2）计算该公司成立日的负债总额、所有者权益总额；

（3）计算该公司成立日的资金总额。

2. 目的：掌握会计要素的基本关系。

资料：大明公司某期初、期末的负债均为 5 000 000 元，期初所有者权益为 8 000 000 元，期末资产总额为 15 000 000 元。

要求：

（1）计算该公司期初资产总额、期末所有者权益总额；

（2）假设该公司本期内未发生资本增减业务，计算公司本期实现的利润数额。

3. 目的：练习会计基本等式的平衡关系。

资料：东风公司 2006 年 6 月 1 日资产、负债及所有者权益状况如下：

单位：元

资　产	金　额	负债及所有者权益	金　额
现金	600	短期借款	30 000
银行存款	35 000	应付账款	15 000
应收账款	21 000	实收资本	180 000
原材料	43 400		
固定资产	125 000		
合　计	225 000	合　计	225 000

该公司6月份发生下列经济交易或会计事项：

（1）2日，以银行存款支付原材料款12 000元；

（2）6日，用银行存款20 000元，偿还短期借款；

（3）10日，收到外单位投资设备一台，价值40 000元；

（4）15日，以银行借款偿还应付账款10 000元。

要求：

（1）根据上述资料，分析以上经济交易或事项属什么类型，并说明经济交易或事项发生对会计方程式的影响；

（2）计算该公司资产、负债、所有者权益数额。

（五）案例分析

资料：

2006年初，张华受聘担任一家化工企业的销售经理。在工作中，他得知公司已经研制出了回收利用塑料粉末的办法。张华从中看到了商机，他决定创办一家企业，专门用来回收塑料汽水瓶，碾成粉末，然后把它卖给化工企业。2006年6月，张华购买了2台旧的粉碎机，另外还买了一台个人电脑，以备记账之用。这些共花去40 000元，用去其储蓄中50 000元的大部分。

张华还找到一个仓库做厂房，但需要100 000元才能买下来。为此，他说服了他的亲友们投资，两朋友各投入30 000元。张华用其中的30 000元作为仓库的首期付款，银行同意为他的仓库提供抵押贷款。不过银行在审批贷款时，一位银行人员建议他从企业建立之初就要保持良好的会计记录，于是，张华就找到一位会计师小王。小王建议他先购买一套供中小企业使用的会计软件。为了选择合适的软件，小王要求张华列出他为企业所购买的全部东西、所承担的全部债务以及他管理企业所需要的各种信息。根据张华所述，小王为张华创建文件，使张华能通过电脑来处理这些会计与非会计信息。现在，张华对他的事业充满了信心。他买下了仓库作为厂房，并雇用了两名粉碎机操作工人和一名卡车司机。到2007年2月，已经向他当地所在的化工企业按期供货了。

要求：

(1) 张华需要反映哪些会计信息？

(2) 试着列出这家企业成立之时的资产、负债和所有者权益？(如有必要，你可以作一些假定)

(3) 现在张华的企业已经开始有销售业务了，如果要计算企业的“盈利或亏损”需要哪些信息？构成该企业利润或损失的一般项目应有哪些？应该多长时间进行企业的盈利情况分析？

第三章　账户与复式记账

一、学习提示

本章主要阐述了会计账户和复式记账法等主要问题。通过本章的学习，应掌握会计账户的主要特点、会计账户的结构与功能，应掌握复式记账法的概念与特点，尤其要掌握借贷复式记账法的基本内容。

二、重要概念

1. 会计科目

会计科目是按一定标准对会计要素的内容进行分类的具体项目。

2. 会计账户

会计账户就是用来记录经济交易与事项及其所引起的会计要素具体内容变动情况的一种工具。

3. 记账方法

记账方法是指在会计账户中记录经济交易与事项的方式。

4. 复式记账

复式记账是指对全部经济交易与事项进行完整而相互联系的记录。具体来说，就是指对每一项经济交易与事项，都必须至少在两个或两个以上的账户中相互联系地进行记录的记账方法。

5. 借贷记账法

借贷记账法是以“借”、“贷”作为记账符号的复式记账法。在借贷记账法下，对每一笔经济交易与事项都必须在两个或两个以上的账户中相互联系地进行记录。借贷记账法的特征体现在其记账符号、账户结构、记账规律和试算平衡方法等基本内容上。

6. 会计分录

会计分录是指针对每项经济交易与事项确定其应当登记的账户名称、借贷方向及其金额的书面记录。

三、重点与难点理解

（一）如何理解会计账户的基本结构与功能？

会计账户是用来记录经济交易与事项，反映会计要素具体内容的增减变化及其结果。由于会计要素具体内容的变化主要分为增加和减少，因此，会计账户的基本结构主要分为两部分，一部分反映资金量的增加，另一部分则反映资金量的减少。由于会计上必须以特定期间为基础对企业的经济活动及其结果进行总结计算，账户还需要记录资金项目在某一特定期间增减变化的结果。因此，账户的结构也可以被分为三部分：增加、减少和增减变化的结果（即余额）。从借贷记账法的记账符号的角度来看，我们一般把账户分为左右两边，左边的部分称之为“借方”，右边的部分称之为“贷方”。至于借方、贷方哪一方反映资金的增加、哪一方反映资金的减少就取决于该账户归属于哪一个会计要素，归属于不同的会计要素，其账户的借贷含义可能是不一样的。一般来说，资产类账户、成本费用类账户的借方反映资金量的增加，贷方反映资金量的减少，其余额一般在借方；负债类账户、所有者权益类账户、收入类账户和利润类账户的借方反映资金量的减少，贷方反映资金量的增加，其余额一般在贷方。

所谓会计账户的功能是指会计账户能够提供哪些信息。就某一特定的账户而言，账户所提供的信息主要包括两部分：一部分是本期发生额信息，另一部分是余额信息。从会计账户的借贷方向上讲，本期发生额信息又可分为本期借方发生额信息和本期贷方发生额信息两种，它们所提供的信息是企业在一定时期的动态信息；余额信息又可分为期初余额信息和期末余额信息，它们所提供的是企业在某一时刻的静态信息。所以，每一个账户都可以提供期初余额信息、本期借方发生额信息、本期贷方发生额信息和期末余额信息等四个方面。从资金量的角度来看，每一个账户所提供的信息包括期初余额、本期增加额、本期减少额和期末余额。总的来说，通过某一特定账户，我们就可以了解企业经济活动中某一特定资金项目的增减变动及其结果的具体信息，通过全部账户，我们就可以了解企业经济活动的完整信息。

（二）如何理解会计账户体系及其结构?

从会计账户所属的不同要素的角度来考虑，会计账户组成一个完整的账户体系。从理论上讲，会计有六大要素，根据会计的六大要素，会计账户分别分为资产类账户、负债类账户、所有者权益类账户、收入类账户、费用类账户和利润类账户六类。在会计实际工作中，对会计账户所进行的分类稍稍作了一些变动。其变动主要表现在以下几个方面：一是关于利润账户的设置。由于反映一定期间企业利润形成与利润分配情况的账户分别为本年利润和利润分配两个账户，而且企业在一定时期内所实现的利润应归属于该企业的所有者，因此，本年利润账户和利润分配账户均属于所有者权益类账户。二是关于收入类账户和费用（损益性费用）类账户的设置。在实际工作中，一般把这两类账户合并在一起，统称为损益类会计账户。三是关于成本（成本性费用）类账户。为了反映企业采购物资所发生的成本、生产产品所发生的实际生产成本以及企业在提供劳务的过程中所发生的劳务成本，在实际工作中单独设置了成本类账户。实际上，成本类账户只是企业在采购物资、生产产品和提供劳务的过程中，为了成本核算的方便而设置的过渡性账户。一旦采购物资结束，就会形成企业的原材料等资产；一旦生产完工，就会形成企业的库存商品等资产。所以说，成本类账户实质上归属于资产类账户。

从会计账户所提供的信息的详细程度来看，会计账户是有层次结构的。由于企业内部经营管理要求的多样化及其特殊性，账户及其所提供的信息指标往往需要进一步细化。因此，账户可分为总分类账户和明细分类账户。总分类账户提供总括的会计信息，它是企业的基本账户，其设置取决于企业经济活动及其资金运动的内容及特征，以会计要素及其内容为直接设立依据。在不同的企业，总分类账户的设置具有更多的共性。而明细分类账户则提供某一资金项目的详细信息，明细分类账户的设置更多地取决于企业内部经营管理的特殊要求。因此，不同的企业以及同一企业在不同的时期，明细分类账户的设置均存在一定的差异。总分类账户与明细分类账户之间是一种控制与被控制、总括与详细的关系。总分类账户对其所属的明细分类账户起控制作用，而明细分类账户是总分类账户的细化和具体化，对总分类账户起补充说明的作用。

（三）如何理解复式记账的特征？

复式记账法是对全部经济交易与事项进行完整而相互联系的记录。复式记账法的主要特征如下：

1. 设立完整的账户体系。企业的经济活动及其资金运动具有固有的客观规律，依据企业经济交易与事项的特征和会计目标的要求建立科学的账户体系，是复式记账方法运用的前提。

2. 记录企业所发生的全部经济交易与事项。在复式记账法下，应当对企业所发生的每一项经济交易与事项都在相关账户中进行记录。

3. 完整记录每一项经济交易与事项所引起的各项资金运动。在复式记账法下，对每一项经济交易与事项客观上所引起的几个不同方面的资金变化情况，都应该在相关账户中进行记录。

4. 对特定期间的账户记录结果进行试算平衡检查，以确定账户记录的正确性。按复式记账法记录每一项经济交易与事项，相关账户的记录结果具有一定的规律性。因此，可以根据这种规律来验证账户记录的正确性，这种试算过程，在会计上称之为试算平衡。试算平衡是复式记账的重要特征。

（四）如何理解借贷记账法的基本内容？

借贷记账法的基本内容主要包括以下几个方面的内容：记账符号、账户结构、记账规律和试算平衡方法等四个内容。

1. 记账符号。正确理解“借”、“贷”的含义对于把握借贷记账法是非常重要的。借贷记账法的“借”、“贷”没有任何文字意义，纯粹是一个记账符号。在借贷记账法中，“借”和“贷”具有三重涵义：第一，就账户的方向而言，“借”代表账户的左边，“贷”代表账户的右边；第二，就账户本身的余额而言，“借”方余额一般代表资产类账户的期末余额，而“贷”方余额一般代表负债类、所有者权益类账户的期末余额；第三，就资金增减而言，“借”既可能反映资产类、费用类账户资金数量的增加，也可能反映负债类、所有者权益类、收入类和利润类账户的资金数量减少，“贷”既可能反映资产类、费用类账户资金数量的减少，也可能反映负债类、所有者权益类、收入类和利润类账户的资金数量增加。

2. 账户结构。在借贷记账法下，账户的基本结构仍由记录“增加”、“减少”和“余额”的三部分组成，但其具体形式表现为“借方”、“贷方”和“余额”三部分。

在借贷记账法下，资产要素的增加变化、负债和所有者权益的减少变化被记录在账户的借方；而资产要素的减少变化、负债和所有者权益要素的增加变化被记录在账户的贷方。对于特定的账户而言，在某一会计期间记入该账户的借方的各项金额之和称为该账户的“本期借方发生额”；而记录入该账户贷方的各项金额之和，称为该账户的“本期贷方发生额”。账户的期末余额分为借方余额（资产类账户）和贷方余额（负债和所有者权益账户）两种。

从账户的结构出发，基于“借”、“贷”记账符号的双重含义，还可以设置一种同时用来记录资产交易和负债交易的“双重性账户”，如“其他往来”账户。

3. 记账规律。当某一项经济交易与事项发生后，采用借贷记账法要求遵循“有借必有贷，借贷必相等”的记账规律在账户中进行记录。“有借必有贷，借贷必相等”的记账规律有三层含义：(1) 其针对企业所发生的单项经济交易与事项，即每一项经济交易与事项发生后均应按“有借必有贷，借贷必相等”的记账规律记账。(2)“有借必有贷”是针对某一经济交易与事项所涉及的不同账户，某一账户登记借方（或贷方），则其他账户必须登记贷方（或借方），而不是针对同一个账户。(3)“借贷必相等”是指某一项经济交易与事项发生后，记入某一账户借方（或贷方）的金额等于记入其他账户贷方（或借方）的金额（或之和），而不是指同一账户的借方金额等于贷方金额。

4. 试算平衡。在借贷记账法下，试算平衡时根据账户记录结果来验证对经济交易与事项的记录过程是否正确。其具体方法是通过“发生额直接平衡”和“余额平衡”两个平衡公式来判断账户记录是否存在错误。发生额直接平衡的基本关系式为：全部账户的本期借方发生额合计 = 全部账户的本期贷方发生额合计。余额平衡的基本关系式为：全部资产类账户的期末借方余额合计 = 全部负债和所有者权益类账户的期末贷方余额合计。

（五）如何理解借贷记账法的试算平衡机制？

借贷记账法从其一产生就占据记账方法的统治地位，而且这种状况还将持续下去。之所以这样，是因为借贷记账法本身具有很好的试算平衡机制。该试算平衡的机制主要体现在以下几个方面：第一，就企业某一期初余额而言，所有账户期初借方余额之和必定等于所有账户的期初贷方余额之和；第二，就某一时期单笔业务而言，每一笔业务都是“有借必有贷、借贷必相等”；第三，就某一时期所发生的所有业务而言，所有账户的借方发生额之和必然等于所有账户的贷方发生额之和；第四，就其期末余额而言，所有账户的期末借方余额合计一定等于所有账户的期末贷方余额合计。借贷记账法的试算平衡机制主要与借贷记账法的记账规则“有借必有贷、借贷必相等”和“资产=负债+所有者权益”的会计等式相关。

这四道试算平衡机制又称为错误自我查找机制。但这四道错误查找机制只是一个必要条件，并不是充分条件。也就是说，如果企业的账务处理违背了这四条平衡机制，企业的账务处理一定是有错误的。有时，企业的账务处理及其结果虽然符合这四道平衡机制，但账务处理还可能有错误，如重复记录经济交易与事项、漏记经济交易与事项、账户的对应关系错误等。

四、补充习题

（一）单项选择题

1. 以下各项目属于会计科目的有(　　)。

A. 欠供应单位料款　　B. 所有者投资

C. 银行存款　　D. 未分配利润

2. 对会计要素进行分类核算的工具是(　　)。

A. 会计科目　　B. 账户

C. 会计科目和账户　　D. 会计科目或账户

3. 会计科目是(　　)。

A. 会计报表的名称　　B. 会计账户的名称

C. 会计账簿的名称　　D. 会计要素的名称

4. 每一项经济业务的发生，都会影响(　　)账户记录发生增减变化。

A. 一个　　B. 两个

C. 两个或更多　　D. 全部

5. 对每个账户来说，在某一时刻其期末余额(　　)。

A. 只能在借方　　B. 只能在账户的一方

C. 只能在贷方　　D. 可能在借方和贷方

6. 按照借贷记账法的记账规则记账，资产类账户的借方发生额和贷方发生额(　　)。

A. 总是相等的

B. 总是不等的

C. 借方发生额一定大于贷方发生额

D. 两者之间没有必然的对应关系

7. 被世界各国普遍采用的复式记账法是(　　)。

A. 增减记账法　　B. 收付记账法

C. 单式记账法　　D. 借贷记账法

8. 采用复式记账的方法，主要为了(　　)。

A. 便于登记账簿

B. 全面地、相互联系地反映资金运动的来龙去脉

C. 提高会计工作效率

D. 便于会计人员的分工协作

9. 在借贷记账法下，应付账款账户的贷方表明(　　)。

A. 企业债权的增加　　B. 企业债务的减少

C. 企业债务的增加　　D. 企业债权的减少

10. 在借贷记账法下，负债类账户的借方表明(　　)。

A. 企业债权的增加　　B. 企业债务的减少

C. 企业债务的增加　　D. 企业债权的减少

11. 下列账户中本期发生额减少登记在借方的是(　　)。

A. 管理费用　　B. 财务费用

C. 短期借款　　D. 制造费用

12. 本月共购入材料 5 000 元，各车间部门领用 3 500 元，退回 200 元，月末结存为 2 000 元，则材料上月结存应为(　　)。

A. 300 元　　B. 700 元

C. 500 元　　D. 900 元

13. 账户发生额试算平衡公式存在的依据是(　　)。

A. 借贷记账法的记账规则　　B. 经济业务的内容

C. 静态会计方程式　　D. 动态会计方程式

14. 采用借贷记账法，哪方记增加、哪方记减少，是根据(　　)。

A. 借方记增加、贷方记减少的规则决定

B. 贷方记增加、借方记减少的规则决定

C. 企业会计准则决定

D. 每个账户的基本性质决定

15. 某单位会计员小赵、小钱、小孙、小李在一起讨论账户借贷双方登记的内容，其正确的是(　　)。

A. 小赵说：借方反映资产减少，负债、所有者权益增加，费用减少，收入增加；贷方所反映的内容与借方正好相反

B. 小钱说：借方反映资产增加，负债、所有者权益减少，费用减少，收入增加；贷方所反映的内容与借方正好相反

C. 小孙说：借方反映资产增加，负债、所有者权益减少，费用增加，收入减少；贷方所反映的内容与借方正好相反

D. 小李说：借方反映资产减少，负债、所有者权益增加，费用增加，收入减少；贷方所反映的内容与借方正好相反

16. 某企业材料总分类账户本期借方发生额为 3 200 元，本期贷方发生额为 3 000 元，其有关明细分类账户的发生额分别为：甲材料本期借方发生额 700 元，贷方发生额 900 元；乙材料本期借方发生额 2 100 元，贷方发生额 1 800 元；丙材料本期(　　)。

A. 借方发生额 2 700 元，贷方发生额 2 800 元

B. 借方发生额 400 元，贷方发生额 300 元

C. 借方发生额 200 元，贷方发生额 400 元

D. 因不知各账户期初余额，故无法计算

17. 某企业其他往来总账期初余额为借方 600 元，其三个明细账的期初余额分别为：甲厂借方 800 元，乙厂贷方 300 元，丙厂(　　)。

A. 贷方 1 100 元　　B. 借方 1 100 元

C. 借方 100 元　　D. 贷方 500 元

18. 所有者权益类账户中四项金额的关系式是(　　)。

A. 期末贷方余额 = 期初贷方余额 + 借方本期发生额 − 贷方本期发生额

B. 期末贷方余额 = 期初贷方余额 + 借方本期发生额 + 贷方本期发生额

C. 期末贷方余额 = 期初贷方余额 + 贷方本期发生额 − 借方本期发生额

D. 期末贷方余额 = 期初贷方余额 − 借方本期发生额 − 贷方本期发生额

19. 借贷记账法余额试算平衡的依据是(　　)。

A. 资金运动变化规律　　B. 会计等式平衡原理

C. 会计账户基本结构　　D. 平行登记原理

20. 账户的基本结构是指(　　)。

A. 账户的具体形式　　B. 账户登记的经济内容

C. 账户登记的日期　　D. 账户中登记增减金额的栏次

(二) 多项选择题

1. 账户可以提供的金额指标有(　　)。

A. 期初余额　　B. 本期增加发生额

C. 本期减少发生额　　D. 期末余额

2. 账户中各项金额的关系可用(　　)表示。

A. 本期期末余额 = 期初余额 + 本期增加发生额 − 本期减少发生额

B. 本期期末余额 + 本期减少发生额 = 期初余额 + 本期增加发生额

C. 本期期末余额 = 本期增加发生额 − 本期减少发生额

D. 本期期末余额 = 本期期初余额

3. 下列记账法属于复式记账法的有(　　)。

A. 收付记账法　　B. 单式记账法

C. 借贷记账法　　D. 增减记账法

4. 复式记账法的特点有(　　)。

A. 可以全面、系统地反映经济活动过程与结果

B. 便于试算平衡，以检查账户记录是否正确

C. 所记账户之间形成相互对应关系

D. 可以全面、清晰地反映经济业务的来龙去脉

5. 企业以现金支付业务招待费，该业务引起会计要素变化的有(　　)。

A. 资产减少　　B. 费用减少

C. 费用增加　　D. 资产增加

6. 借贷记账法的试算平衡方法是(　　)。

A. 发生额采用差额平衡法　　B. 发生额采用直接平衡法

C. 余额采用差额平衡法　　D. 余额采用直接平衡法

7. 下列错误不影响发生额和余额的试算平衡的有(　　)。

A. 重复登记同一项经济业务

B. 借贷双方发生同等金额的错误

C. 会计分录中错用了会计科目，其他无错

D. 漏记经济业务

8. 下列错误中，不能通过试算平衡发现的有(　　)。

A. 某项经济业务未登记入账

B. 借贷双方同时多记了相等的金额

C. 只登记了借方金额，未登记贷方金额

D. 应借应贷的账户中错记了借贷方向

9. 在借贷记账法下“借”表示(　　)。

A. 所有者权益的增加　　B. 费用成本的增加

C. 资产的增加　　D. 利润的增加

10. 下列账户期末余额应在贷方的有(　　)。

A. 累计折旧　　B. 实收资本

C. 库存现金　　D. 短期借款

11. 总分类账户与明细分类账户(　　)。

A. 是性质不同的账户　　B. 核算对象相同

C. 登记的原始依据相同　　D. 采用平行登记方法

12. 单式记账法下(　　)。

A. 账户设置不完整，不能反映经济活动的全貌

B. 形不成账户对应关系，不能反映经济活动的来龙去脉

C. 对发生的每一项经济业务，一般只在一个账户中登记

D. 账户记录不完整

13. 在借贷记账法下，用来进行试算平衡的公式中，正确的有(　　)。

A. 资产账户借方发生额合计 = 负债账户贷方发生额合计

B. 全部账户借方发生额合计 = 全部账户贷方发生额合计

C. 全部账户借方余额合计 = 全部账户贷方余额合计

D. 每类账户借方发生额合计 = 每类账户贷方发生额合计

14. 复合会计分录是指(　　)。

A. 一借一贷的会计分录

B. 一借多贷的会计分录

C. 多借一贷的会计分录

D. 多借多贷的会计分录

15. 企业用向银行借款，引起会计要素变化的有(　　)。

A. 资产增加　　B. 所有者权益增加

C. 负债增加　　D. 负债减少

16. 借贷记账法的记账符号"贷"的含义可能表示(　　)。

A. 资产、费用的增加

B. 资产、费用的减少

C. 负债、所有者权益的增加

D. 负债、收入和利润的增加

17. 下列账户中，在会计期末一般没有余额的账户有(　　)。

A. 资产类账户　　B. 收入类账户

C. 负债类账户　　D. 费用类账户

18. 设置会计科目应遵循的原则有(　　)。

A. 必须全面反映会计要素的内容

B. 统一性与灵活性相结合

C. 适应需要又要保持相对稳定性

D. 会计科目要简明适用

19. 下列对有关经济业务发生的表述，正确的有(　　)。

A. 只影响一个会计要素

B. 一定影响两个会计要素

C. 可能影响一个要素的两个方面

D. 可能会影响两个或两个以上会计要素

20. 下列有关经济业务发生对“资产 = 负债 + 所有权权益”影响的表述，正确的有(　　)。

A. 可能只影响会计方程式的某一边

B. 可能同时影响会计方程式的左右两边

C. 无论发生任何经济业务，都不会影响会计等式的平衡关系

D. 可能是会计方程式两边一边增加，另一边减少

(三) 判断题 (对的打○，错的打 ×)

1. 账户就是会计科目的名称。(　　)

2. 账户的借方是反映资产和负债的增加，贷方是反映资产和负债的减少。(　　)

3. 所有账户的左边均记录增加额，右边均记录减少额。(　　)

4. 借贷记账法在账户结构上设置借方和贷方两个金额栏。借方记增加，贷方记减少。(　　)

5. 单式记账法下，对任何一项经济业务都不用两个或两个以上的账户进行记录反映。(　　)

6. 经济业务的发生可以在使一个资产项目增加的同时，使另一个资产项目也增加。（　）

7. 所有的账户都是依据会计科目开设的。（　）

8. 一般而言，一个账户若其借方登记资金项目的增加数，则其贷方肯定登记资金项目的减少数。（　）

9. 账户的期末余额方向通常和记录增加的发生额一方在同一方向。（　）

10. 在借贷记账法下，“借”字具有双层含义，即它一方面可以表示资产、费用的增加，另一方面又可以表示负债、所有者权益和收入的减少。（　）

11. 借贷记账法账户的基本结构是：每一个账户的左边均为借方，右边均为贷方。（　）

12. 负债及所有者权益类账户的结构应与资产类账户的结构一致。（　）

13. 借贷记账法下进行发生额试算平衡，若借贷双方不平衡，说明记账肯定存在错误，若借贷双方平衡，说明记账没有错误。（　）

（四）综合题

1. 目的：掌握会计要素与会计账户。

资料：宏达工厂有关资产、负债和所有者权益项目的部分资料如下：

（1）生产用机器设备；

（2）存放于成品仓库的产成品；

（3）库存的生产用材料；

（4）职工的欠款；

（5）向市工商银行取得的短期借款；

（6）应付振华工厂材料款；

（7）已实现的利润；

（8）已分配的利润；

(9) 接受大东公司的捐赠；

(10) 存放在银行的款项；

(11) 企业拥有的专利权；

(12) 从国家获得的以固定资产和流动资产进行的投资；

(13) 企业接受新华工厂以货币资金进行的投资；

(14) 从利润中提取的盈余公积；

(15) 应交纳的产品销售税金；

(16) 应付给东风工厂的材料购货款。

要求：

分析上列各项资料，判明其应属于资产、负债、所有者权益的类别及其相应运用的会计科目的具体名称。

2. 目的：掌握会计分录与会计账户。

资料：某企业某年年初实有资产总额 840 000 元。1 月份发生了下列经济业务：

(1) 1 月 5 日，收到大东公司前欠货款 28 000 元，存入银行。

(2) 1 月 9 日，向银行取得短期借款 68 000 元，存入银行。

(3) 1 月 15 日，接受宏达工厂捐赠的现金 8 400 元。

(4) 1 月 17 日，接受振华工厂的投资款计 74 000 元，存入银行。

(5) 1 月 23 日，以银行存款 49 000 元，归还前欠武钢货款。

(6) 1 月 27 日，以银行存款购置一台新设备，价值 37 600 元。

(7) 1 月 30 日，销售产品一批，价款 82 000 元，银行已收妥 42 000元，余款对方暂欠。

(8) 1 月 30 日，以现金支付行政管理人员工资共计 20 000 元。

要求：

根据借贷复式记账原理，分析确定各项经济业务应借、应贷账户的名称和金额并编制会计分录。

3. 目的：熟悉账户的基本结构和期末余额的计算方法。

资料：某企业 5 月 31 日有关账户的期初余额和本期发生额情况见下表所示。

某企业有关账户资料

账户名称	期初余额	借方发生额	贷方发生额	期末余额
银行存款	300 000	(1) 40 000 (2) 10 000	(3) 100 000 (4) 80 000	(5) ____
原材料	40 000	(1) 30 000 (3) ____	(2) 3 000 (4) 10 000	(5) 100 000
固定资产	280 000	(1) 200 000 (2) 120 000	(3) 70 000 (4) ____	(5) 400 000
短期借款	300 000	(1) 200 000 (2) 300 000	(3) 800 000 (4) 70 000	(5) ____
应付账款	170 000	(1) 30 000 (2) ____	(3) 50 000	(4) 90 000
管理费用	0	(1) 5 000 (2) 30 000	(3) ____	(4) ____
销售费用	0	(1) 7 000 (2) ____	(3) 80 000 (4) 21 000	(5) ____

要求：

根据所给的资料计算出各账户的相关金额。

第四章 会计确认与计量原理

一、学习提示

本章主要阐述了会计确认与会计计量的基本原理。通过本章学习，应当掌握会计确认的基本标准、会计确认的理论基础、会计要素确认的基本方法、会计计量属性及计量单位等内容，理解会计确认与会计计量对会计信息的影响。

二、重要概念

1. 会计确认

会计确认是指对经济事项是否作为会计要素正式加以记录和报告所做的认定。从会计信息处理的技术层面上看，会计确认主要包括围绕账户进行的“初始确认”和围绕财务报表进行的“再确认”。围绕特定资产项目及其价值变动的会计确认，可以分为“初始确认”、“后续确认”和“终止确认”。

2. 会计假设

会计假设是根据客观情况或正常趋势，对那些未经确切认识或无法正面论证的经济事项或会计现象所作的合理推断，它是进行日常会计处理、提供信息使用者所需会计信息的必要前提。会计的基本假设包括会计实体、持续经营、会计期间、货币计量等。

3. 权责发生制

以收入实现、费用发生为标准确认当期收入和费用，称之为权责发生制。按权责发生制要求，企业在计算确定当期损益时，应当以企业取得收入的“权利”是否形成为标志来确认收入，而不论其款项是否已经收到；同时，应当以企业承担费用的“责任”是否发生为标志来确认费用，而不论其款项是否已经支付。

4. 会计计量

会计计量是对经济交易与事项的价值数量关系进行计算和衡量的过程，其实质是以数量（主要是以货币表示的价值量）关系揭示经济事项之间的内在联系。会计计量包含计量属性和计量单位两个基本要素，而计量属性和计量单位的选择与运用，会形成不同的会计计量模式。

5. 计量属性

计量属性是指被计量客体的数量特性或外在表现形式。可供选择的会计计量属性主要包括历史成本、现行成本、现行市价、可实现净值和现值等。

6. 历史成本

历史成本是指企业为了取得某项资产并使其达到可供使用状态所实际发生的全部支出。历史成本是会计计量中最重要和最基本的计量属性，其一直是国际会计惯例中的基础性计价标准。

7. 公允价值

公允价值是指熟悉情况的交易双方自愿进行资产交换或者债务清偿的金额。

三、重点与难点理解

（一）如何理解会计确认的含义与基本标准？

会计确认是指对经济事项是否作为会计要素正式加以记录和报告

所做的认定。会计确认的标准可以分为两个层次。第一层次为会计确认的基本标准，是指适用于所有会计要素的确认标准。第二层次为各个不同会计要素确认的具体标准，此类标准强调不同会计要素确认的特殊性。

会计确认的基本标准可归纳为四项：

1. 可定义性

可定义性是指被确认的项目必须符合某一会计要素的定义。例如，将企业某日购入的一套生产设备确认为企业资产的内容，则此设备必须符合资产要素的定义，即这套设备应当是企业由已经发生的交易或事项形成并由该企业拥有或控制、能在未来期间带来经济利益的资源。

2. 可计量性

可计量性是指被确认的项目应当具有可靠的计量属性并能客观地加以计量，即采用历史成本、现行市价、重置成本还是现值等来进行计量。例如，企业盘盈一台机器，通常采用重置成本来进行计量。

3. 相关性

相关性是指所确认项目的相关信息能够“导致决策差别”。所谓导致决策差别，就是指项目的相关信息对信息使用者进行有关经济决策有用，能够对使用者的决策行为产生实质性的影响。例如，企业将融资租赁方式租入的机器作为资产来确认，这样的会计信息对信息使用者就是相关的，有利于信息使用者正确认识企业的资产状况，做出相关决策。

4. 可靠性

可靠性是指所确认项目的相关信息应如实反映经济活动，并且可验证和不偏不倚。企业在进行确认某项会计要素时，一定要达到可靠的标准才能予以确认，如经济利益的流入、成本的计量等。

（二）如何理解会计计量的含义与计量属性？

会计计量是对经济交易与事项的价值数量关系进行计算和衡量的

过程，其实质是以货币表示的价值量关系揭示经济事项之间的内在联系。会计计量包含计量属性和计量单位两个基本要素。

计量属性是指被计量客体的数量特性或外在表现形式。可供选择的会计计量属性主要包括历史成本、现行成本、现行市价、可实现净值和现值等。

历史成本也称“实际成本”，是指企业为了取得某项资产并使其达到可供使用状态所实际发生的全部支出，是已经发生的支出。如某企业去年花费 10 万元购入的轿车，其历史成本就是 10 万元。

现行成本也称为“重置成本”或“现时投入成本”，是指在当前生产条件和市场供求状态下，重新购置某项相同或类似持有资产所需发生的全部支出。如某企业在财产清查中盘盈一台 W1 型机器，由于该机器没有相关成本记录，如果目前重新购入该型号的机器需花费 2 万元，则该盘盈机器应以其重置成本 2 万元入账。

现行市价是“现行市场交易价格”的简称，它是指处于正常经营活动中的企业出售资产的市场价格，即企业资产的变现价值。如某存货现行市场销售价格为每件 1 万元，如果采用现行市价计量，则应将其账面价值调整为 1 万元（我国不允许采用现行市价对存货进行计量）。

可实现净值是指资产在企业正常经营过程中可实现的未来现金流入扣除相应现金流出后的净额，也就是资产的销售价格减去在销售过程中支付的各种费用后的金额。如企业某种存货的销售价格为每件 1 万元，预计各种销售税金及费用等 200 元，则其可实现净值就是 9 800元，如果采用成本与可实现净值孰低的方法进行存货计量，在该存货的成本高于 9 800 元时，则需将该存货的账面价值调整为 9 800 元。

现值是指资产在企业正常经营过程中可实现的未来现金流入量现值扣除相应现金流出量现值后的净额。例如，企业如果采用分期收款销售商品，则其销售收入要按照实际收款额和实际利率折现后确认，以正确反映经济利益的流入。

（三）如何对会计要素进行确认？

1. 任何会计要素的确认都要依据会计确认的基本标准。

对某一会计要素进行确认时，要符合该会计要素的定义，并且要能够用合适的计量属性进行计量，还要符合相关性和可靠性。

2. 不同会计要素的确认有其自身的特点（或会计要素自身存在确认的具体标准）。

确认某项经济交易或项目为某一会计要素时，除了要符合会计确认的基本标准外，还要依据各个会计要素自身的特点。例如，收入的确认，还要依据“实现”标准来判断。

3. 不同会计要素的确认之间是互相联系的。

由于任何经济交易或事项的发生都会影响两类以上或者某一会计要素两个不同方面发生变化，因此，某一会计要素的确认，一般是与另外相应会计要素的确认同时进行的。比如，在确认利息费用时，同时也确认了一项应付利息负债；在确认产品销售收入的同时，也会确认银行存款或应收账款资产的增加；费用要素的确认往往与资产要素确认相联系。

（四）如何理解权责发生制在会计确认中的地位？

权责发生制是按照权利的形成或义务的发生来确认收入与费用的一种理论。按权责发生制要求，企业在计算确定某一特定期间的损益时，应当以企业取得收入的“权利”是否在该期形成为标志来确认收入，而不论其款项是否在该期已经收到；同时，应当以企业承担费用的“责任”是否在该期发生为标志来确认费用，而不论其款项是否已经在该期支付。依照权责发生制，计入当期损益的收入，其“权利”必须形成于该期；计入当期损益的费用，其“责任”必须发生于该期。

目前，遵循权责发生制是一项国际会计惯例。权责发生制是会计确认的一项重要理论基础，按权责发生制确认收入和费用（及成本），能够提供更相关的会计信息，有利于会计信息使用者分析企业的财务状况与经营成果等会计信息，从而为其决策提供有力支持。

四、补充习题

（一）单项选择题

1. 权责发生制的确立是以(　　)假设为直接依据的。

A. 会计主体　　B. 会计分期

C. 货币计量　　D. 持续经营

2. 下列属于非流动资产的是(　　)。

A. 应收账款　　B. 无形资产

C. 应收票据　　D. 应收票据

3. 企业为了交易目的而短期持有的股票应该被确认为(　　)。

A. 股本　　B. 长期股权投资

C. 交易性金融资产　　D. 应收股利

4. 我国及国际会计惯例所公认的基本计量属性是(　　)。

A. 重置成本　　B. 现值

C. 现行市价　　D. 历史成本

5. 甲公司在交易所购买了乙上市公司的股票，拟在近期进行交易以赚取差价，期末对其该股票按照交易所公布的收盘价格进行调整。对甲公司而言，购入股票后，它对所购买的股票所采用的计量属性是(　　)。

A. 重置成本　　B. 现值

C. 现行市价　　D. 公允价值

6. 下列(　　)应作为费用计入当期损益。

A. 支付下年度报刊订阅费　　B. 采购原材料时支付的运杂费

C. 销售商品时支付的运杂费　　D. 预付的货款

7. 下列属于流动负债的是(　　)。

A. 应付职工薪酬　　B. 长期借款

C. 应付债券　　D. 股本

8. 下列应该确认为企业的收入的是(　　)。

A. 出售生产产品所用机器的所得

B. 出售专利权所得

C. 其他单位捐赠的资产所得

D. 出租机器收到的租金

9. 下列项目中，应确认为管理费用的有(　　)。

A. 银行借款利息　　B. 厂部管理人员工资

C. 车间管理人员工资　　D. 车间水电费

10. 下列项目中，应确认为财务费用的是(　　)。

A. 财务人员工资　　B. 财务部门的折旧费

C. 财务部门水电费　　D. 银行手续费

(二) 多项选择题

1. 下列属于会计确认基本标准的有(　　)。

A. 可定义性　　B. 可计量性

C. 相关性　　D. 可靠性

2. 下列(　　)属于会计基本假设的内容。

A. 会计主体　　B. 会计分期

C. 货币计量　　D. 历史成本

3. 从会计处理的技术层面看，会计确认可以分为(　　)。

A. 初始确认　　B. 再确认

C. 后续确认　　D. 终止确认

4. 下列(　　)可以作为会计实体。

A. 有限责任公司　　B. 子公司

C. 企业集团　　D. 分厂

5. 企业的下列(　　)经济活动的原始数据能够纳入到会计信息系统予以处理。

A. 企业发行股票已筹集资金 5 000 万元

B. 企业召开增产计划会议，拟于下年度将产品产量增至 20 万台

C. 企业以 500 万元的固定资产对外投资

D. 企业接受客户发来的商品订单，客户拟订货 100 万元

6. 下列属于资产特征的有(　　)。

A. 由已经发生的交易或事项形成

B. 企业拥有其法定所有权或能对其控制

C. 能给企业带来预期的经济利益

D. 具有实物形态

7. 下列需要计入当期损益的费用有(　　)。

A. 支付会议费 10 000 元

B. 支付生产车间本月电费 5 000 元

C. 支付广告费 20 000 元

D. 支付环保罚款 10 000 元

8. 下列应该确认为企业收入的有(　　)。

A. 销售产品收入　　B. 销售材料收入

C. 销售自用机器收入　　D. 出租机器租金收入

9. 下列属于企业所有者权益的内容有(　　)。

A. 股东投入的资本

B. 企业实现的盈利的积累

C. 企业当期实现的净利润

D. 企业以前各期形成的未分配利润

10. 下列项目中，属于企业存货的有(　　)。

A. 已经销售，购货方尚未提货的产品

B. 企业购入自用的商品房

C. 汽车厂商生产的待售汽车

D. 汽车经销商持有待售的汽车

(三) 判断题 (对的打○，错的打×)

1. 法律主体与会计主体的含义是一样的。 ( )

2. 根据权责发生制，企业发生支出，必然引起当期利润的减少。 ( )

3. 只要严格符合某一会计要素定义的项目，就必须作为该要素进行确认。 ( )

4. 在收付实现制下，会出现应收、应付、预收、预付等项目。 ( )

5. 即使已经出售，但尚未运离企业的商品仍然是企业的存货。 ( )

6. 与流动负债相比，长期负债的偿还期限较长，金额较大。 ( )

7. 根据销售合同，预收客户的购货订金应确认为收入。 ( )

8. 企业委托其他单位进一步加工的物资仍然属于本企业的资产。 ( )

9. 投资者投入资本，应该与企业约定偿还期限，到期偿付。 ( )

10. 企业向灾区捐赠 100 000 元，应该确认为一笔费用。 ( )

第五章　资产计价与收益决定

一、学习提示

本章主要阐述了资产计价和收益决定的基本原理与方法。通过本章学习,应当掌握资产价值计量的原则、内容与基本方法,掌握应收账款、存货和固定资产等主要资产常用的价值计量方法以及利润的计量方法,理解资产价值计量的意义及资产价值计量与利润计量的关系。

二、重要概念

1. 资产计价

资产计价是以货币来计量企业各种资产的实际价值。资产计价在会计计量中居于核心地位，而其他要素的计量从属于资产计价及其结果。

2. 坏账

坏账是指无法收回的应收账款。

3. 账龄分析法

应收账款账龄分析法就是根据每一项应收账款已欠时间的长短来分别确定其坏账损失数额的方法。

4. 永续盘存制

亦称“账面盘存制”，它是通过设置存货（如材料、产成品或商品等）明细账户，逐日或逐笔记录存货的收入和发出数，并随时记列其结存（持有）数量的方法。

5. 定期盘存制

定期盘存制亦称“实地盘存制”，是指在期末通过现场（实地）盘点实物确定存货的结存（持有）数量，并据以计算存货耗用（或销售）数量的方法。在实际工作中，有的称之为“以存计耗（或销）制”或“盘存计耗（或销）制”。

6. 先进先出法

先进先出法是在假定先取得的存货先行耗用或销售的条件下对存货价值进行计量的方法。

7. 加权平均法

加权平均法是把本会计期间全部可供耗用或销售存货的总成本平均分配于所有单位量，即按当期存货的平均单位成本计算期末持有存货及本期耗用或销售存货价值的方法。在永续盘存制下，若不是月终一次结转存货成本，则每取得一批存货，就得计算一次新的加权平均单位成本，此称为“移动加权平均法”。

8. 平均折旧法

平均折旧法是在各期或各单位工作量内平均计提折旧费用的方法，包括年限平均法和工作量平均法。

9. 加速折旧法

加速折旧法是指在固定资产使用的早期多提折旧，后期少提折旧，折旧数额逐年递减的一类折旧方法，主要包括年数总和法和双倍余额递减法。

三、重点与难点理解

（一）如何理解资产计价的内容？

资产计价指的是以货币来计量企业各种资产的实际价值。由于企业经济活动及其资金运动本身固有的客观规律，资产要素与负债、所有者权益以及收入、费用、利润等要素之间具有内在联系。因此，资产计价不仅决定着企业资产数额的多少，也会直接影响负债、所有者权益、收入、费用等其他会计要素的计量结果。资产计价在会计计量中居于核心地位，而其他要素的计量从属于资产计价及其结果。

资产要素的每一构成项目都存在如何计量其价值数量的问题。然而，对于库存现金和银行存款而言，由于其不同计量属性的衡量结果不存在差异，因此，库存现金和银行存款的计价不是会计学研究的重点。同时，尽管无形资产具有特殊性，但其价值计量方法与固定资产基本相似。因而，资产计价主要是债权、存货和固定资产的价值计量问题。

从特定的资产项目来看，某一资产项目从取得并进入企业到被耗用或销售为止，其价值计量问题包括取得资产的计价、耗用资产的计价以及期末持有资产的计价等问题。因此，资产在取得、耗用（或销售）、期末持有（结存）等不同时点均存在价值计量问题。具体而言，债权计价涉及的主要内容是坏账损失的确定，存货计价的主要内容是取得存货成本的确定和耗用存货及期末的存货成本的确定，固定资产计价的主要内容是固定资产取得成本的确定以及折旧的计算等。

（二）资产计价方法对财务报表信息有何影响?

按企业会计准则的规定，企业可以选择适当的资产计价方法对相关资产进行计价，以提供最为相关可靠的会计信息。然而，对于同一资产而言，采用不同的计价方法会导致不同的价值计量结果，而这些结果最终会体现在企业所提供的资产和利润等会计信息中。

就应收账款而言，不同的坏账估计方法会形成不同的坏账损失，不仅影响到应收账款净额的结果，也会影响到当期的费用，因此会影响到企业当期的财务状况与经营成果的信息。

就存货而言，不同的存货计价方法，不仅会影响到期末存货的价值，也会影响到发出存货的价值的确定，因此会影响到企业当期的财务状况与经营成果的信息。

就固定资产而言，其资产价值计量方法的选择同样影响企业披露的资产及利润信息。比如，对于某一特定会计期间的同一固定资产而言，其采用平均折旧法与采用加速折旧法计算的折旧价值是不相同的。由于折旧费用会相应抵减当期利润，因此，企业在当期财务报表中披露的该期利润数额就不相同。同时，由于不同计量方法确定的当期折旧价值不同，根据固定资产原始价值和累计折旧数额所确定的期末固定资产净值也不一样。因而，企业在财务报表中披露的资产数额也不相同。因此，固定资产的计价方法选择，同样会影响到企业的财务状况和经营成果信息。

（三）如何理解利润计量？

利润来自于企业的经济活动，是一种“资本的增值”。会计学者普遍把利润（收益）视为是企业所实现的收入在扣除相关费用后的余额，说明了只有在企业原有资本已得到保全或成本已得到补偿后才能确认所实现的收益。现行会计理论中确立了财务资本保全和实物资本保全两种资本保全概念。在历史成本会计计量模式下，企业确认与计量利润（收益）通常以货币资本保全为理论基础。利润（收益）计量模式包括交易法计量模式和净资产法计量模式。

利润（收益）计量的交易法是指根据特定会计期间企业实现的收入与其相关的费用来计算当期利润（收益）的方法。如果当期收入大于当期费用，则为净利润（收益）；如果当期收入小于当期费用，则为亏损。

利润（收益）计量的净资产法是指根据特定会计期间期初与期末企业净资产的变动来计算当期利润（收益）的方法。如果企业期末净资产大于期初净资产，则为净利润（收益）；如果企业期末净资产小于期初净资产，则为亏损。净资产法说明了利润计量从属于资产计量的内在逻辑关系。

在我国会计实务中，企业按交易法计量所实现的利润，即根据

"利润＝收入－费用"计量模式来确定利润。

（四）为什么不同的会计计量方法会对会计信息（财务报表信息）产生不同影响？

对同一问题采用不同的会计方法进行处理，会产生不同的会计信息结果。比如，对同一企业同一会计期间同样的耗用存货或期末持有存货，按先进先出法和后进先出法进行计价，会计算出不同的销货成本和不同的期末存货成本，从而使得在资产负债表中反映的相关资产数量和利润表中反映的成本与损益数量存在一定差异。对于流动性资产而言，导致这种差异的主要原因是：市场环境中的商品价格总是处于变动之中，企业在不同时点取得同样商品的实际价格或成本存在差异（即不同时点取得同样商品的实际价格是不同的）。反过来讲，假设商品价格总是保持不变，则采用任何计价方法计量的结果相同，这样，"会计计量方法选择"也就失去了意义。

对于长期资产而言，市场价格变动对资产计价方法选择的影响是间接的。比如，企业是采用平均折旧法还是加速折旧法计提折旧，往往并不是直接依据固定资产的市场价格的变动情况，尽管固定资产市场价格变动也是需要考虑的重要因素之一。折旧方法的选择更多地会考虑固定资产使用情况及损耗程度、固定资产作为生产工具其实际生产能力的变化等因素。当然，固定资产的实际生产能力往往与科学技术进步、替代资产出现等密切相关，同时也会在固定资产的市场价格上得到反映。另外，固定资产折旧方法的选择还受折旧理论的影响。

四、补充习题

（一）单项选择题

1. 某企业2007年末应收账款余额为100万元，当年赊销净额为200万元，该企业按应收账款余额百分比法估计坏账损失，估计的坏账率为5%。则2007年末估计的坏账损失金额为(　　)。

A. 10万元　　B. 5万元

C. 15万元　　D. 0

2. A公司进口机器一台，买价78 000元，运费9 000元，保险费1 500元，关税4 000元，试车费1 800元。该机器的取得成本为(　　)。

A. 78 000元　　B. 90 300元

C. 96 800元　　D. 94 300元

3. B公司一起购入甲、乙材料各1 000公斤，总价款100 000元（甲材料6 000元，乙材料4 000元）以银行存款付讫，另用现金支付两种材料的运费3 000元（运费按重量分摊）以及乙材料的途中保险费1 000元，材料已经验收入库，则计入乙材料采购成本的金额应为(　　)。

A. 6 000元　　B. 6 500元

C. 4 000元　　D. 5 000元

4. 下列项目应直接计入甲产品生产成本的是(　　)。

A. 甲产品生产工人的工资　　B. 生产车间的机器折旧费

C. 生产车间主任的工资　　D. 公司财务人员工资

5. 某公司只有一个生产车间，生产A、B两种产品，2007年6月为生产产品投入材料20 000元（A耗用12 000元，B耗用8 000元），耗费人工10 000元（A耗费2 000元，B耗费5 000元，其余为车间管理人员工资），车间水电费1 000元，车间机器折旧费2 000元，厂房折旧费3 000元，期初、期末均无在产品，产品全部完工，制造费用按照耗用材料的金额比例进行分配。则2007年6月该公司生产的A产品的生产成本为(　　)。

A. 16 600元　　B. 19 400元

C. 14 000元　　D. 11 000元

6. 下列存货发出计价方法中，在物价持续下跌的情况下，计算出来的当期销货成本最低的是(　　)。

A. 先进先出法　　　　　　　B. 后进先出法

C. 全月一次加权平均法　　　D. 移动加权平均法

7. 下列计算固定资产折旧的说法正确的是(　　)。

A. 固定资产折旧总额等于固定资产原值

B. 固定资产折旧总额等于固定资产原值减去预计净残值后的金额

C. 某年的固定资产折旧额必然等于固定资产原值除以预计使用年限

D. 某年的固定资产折旧额必然等于固定资产可折旧总额除以预计使用年限

8. C公司某设备的原值为128 000元，预计残值为10 000元，预计清理费用为2 000元，可使用5年。如果按双倍余额递减法计算各年折旧额，第一年应计提的折旧费为(　　)。

A. 48 000元　　　　　　B. 46 400元

C. 51 200元　　　　　　D. 56 000元

9. 企业对固定资产采用加速折旧法计提折旧将使(　　)。

A. 资产投入使用的前期费用加大，利润减少

B. 简化折旧计算方法

C. 资产投入使用的前期费用减少，利润增加

D. 缩短资产实际可使用寿命

10. 某公司2007年10月相关业务及账户资料如下：预收客户购货定金10 000元（尚未发货），现销货物20 000元，赊销货物50 000元，期末结账前“主营业务成本”余额40 000元，发生销售费用10 000元，财务费用2 000元，管理费用5 000元，营业外收入3 000元。则该公司2007年10月份的营业利润是(　　)。

A. 16 000元　　　　　　B. 17 000元

C. 26 000元　　　　　　D. 13 000元

（二）多项选择题

1. 下列属于企业估计坏账损失的方法的是（　　）。

A. 应收账款余额百分比法　　B. 赊销净额百分比法

C. 账龄分析法　　D. 销售利润百分比法

2. 企业购入原材料的实际成本应包括（　　）。

A. 买价　　B. 运输装卸费

C. 入库前的挑选整理费　　D. 运输途中的保险费

3. 在永续盘存和定期盘存两种不同的盘存方法下，同一存货计价方法所计算出来的发出存货成本可能不同的有（　　）。

A. 个别计价法　　B. 先进先出法

C. 后进先出法　　D. 加权平均法

4. 影响固定资产某年折旧额的因素有（　　）。

A. 固定资产原值　　B. 预计残值

C. 预计使用年限　　D. 折旧方法

5. A公司某机器的原值为215 000元，预计残值为6 000元，预计清理费用为1 000元，可使用5年。第一年应计提的折旧费可以为（　　）。

A. 42 000元　　B. 86 000元

C. 70 000元　　D. 84 000元

6. 下列属于加速折旧法的特点的是（　　）。

A. 加快固定资产投资收回速度，减少风险

B. 均衡固定资产使用成本

C. 获得纳税方面的好处

D. 考虑固定资产的无形损耗

7. 在我国实务中，计算营业利润时需考虑的项目有（　　）。

A. 营业成本　　B. 营业外收入

C. 销售费用　　D. 管理费用

8. 我国目前会计准则允许使用的存货计价方法有（　　）。

A. 个别计价法　　B. 先进先出法

C. 后进先出法　　D. 加权平均法

9. 可以减少当期利润的资产计价方法有(　　)。

A. 物价上涨时，将销售存货计价方法由先进先出法改为后进先出法

B. 物价下跌时，将销售存货计价方法由后进先出法改为先进先出法

C. 将应收账款的坏账计提方法由余额百分比法改为账龄分析法

D. 将固定资产折旧方法由年数综合法改为平均年限法

10. 应该直接计入产品生产成本的项目有(　　)。

A. 生产产品领用的原材料　　B. 产品生产工人的工资

C. 机器修理费用　　D. 车间厂房的折旧费用

(三) 判断题 (对的打○，错的打×)

1. 为保证会计信息的可比性，所有企业均应按买价计量外购固定资产的成本。(　　)

2. 为简化核算，企业发生的间接性生产费用可以直接计入当期损益。(　　)

3. 在物价上涨期间，先进先出法下计量的期末存货价值通常偏低。(　　)

4. A公司年末应收账款余额为1 000 000元，采用应收账款余额百分比法估计坏账损失，估比的坏账率为10%，则其年末应该计提的坏账准备必然为100 000元。(　　)

5. 由于永续盘存制能够有效实现对财产的管理和控制，因此，大多数企业都采用这种存货盘存方法，而放弃了定期盘存制。(　　)

6. 一般情况下，尽管不同的折旧方法所计算出来的各年折旧额不同，但在固定资产寿命期间内所计算出来的折旧总额却是一样的。(　　)

7. 交易法下利润计算的公式为：利润（收益）= 期末净资产 -

期初净资产。 ( )

8. 不同的资产计价方法会计算出不同的资产价值和利润结果，因此，企业可以根据需要任意调整资产计价方法。 ( )

9. 资产计价方法与收益决定方法是两类不同的方法，两者没有任何联系。 ( )

10. 在物价下跌时，采用后进先出法符合稳健性的会计信息质量要求。 ( )

（四）分析计算题

资料：

晓南湖公司在 2007 年 10 月 5 日购入机器一台，买价及支付的增值税合计为 180 000 元。公司另外用现金支付了运费 1 000 元。机器运达企业后，又用现金支付了安装及调试费 2 000 元，之后机器开始使用。会计人员将该交易做了以下账务处理：

借：固定资产 180 000

　　贷：银行存款 180 000

借：管理费用 3 000

　　贷：库存现金 3 000

公司对该项固定资产采用年数总和法计算折旧，预计使用寿命为 5 年，预计净残值为零。公司会计人员当月按以下公式计算折旧并做账务处理如下：

2007 年 10 月份的折旧率 = 60/（1 + 2 + …… + 60）× 100%

= 3.28%

2007 年 10 月份应提折旧 = 180 000 × 3.28% = 5 904（元）

借：管理费用 5 904

　　贷：固定资产 5 904

要求：

分析上述晓南湖公司对该机器的相关处理有哪些错误之处？并作出正确处理。

第六章　会计记录(上)——分录记录

一、学习提示

本章主要阐述了会计记录的基本程序、会计凭证和企业基本经济交易与事项的会计处理等问题。通过本章的学习，应掌握企业基本经济交易与事项的会计处理，掌握企业会计凭证的种类、格式和填制方法，理解会计记录的基本处理程序。

二、重要概念

1. 会计记录

会计记录是将企业所发生的经济交易与事项在会计账户（账簿）中加以记载（即登记）的过程。

2. 分录记录

分录记录是指当经济交易与事项发生后，会计人员对其进行会计确认与计量，并将其结果编制成会计分录（在我国为填制记账凭证）的过程。

3. 账户记录

账户记录是指在账户（账簿）中按照借贷记账法系统地记录各项经济交易与事项的过程（主要表现为登记分类账簿）。

4. 会计凭证

会计凭证是用来记载经济交易与事项的具体内容、作为会计记录依据的书面证明文件。

5. 原始凭证

原始凭证是指在经济交易与事项发生时取得或填制的、用来记录并证明经济交易与事项内容的证据或凭证。

6. 记账凭证

记账凭证是一种专门用来对原始凭证的信息内容进行整理、归类并作为过账（记账）依据的会计凭证。

三、重点与难点理解

（一）分录记录与账户记录是什么关系？

会计记录是将企业所发生的经济交易与事项在会计账户中加以登记的过程。从会计的基本内容上看，会计记录是会计确认与计量的落脚点，而会计确认与会计计量又是会计记录的前提条件。一项经济业务只有经过了确认与计量之后才可能进行记录，而记录本身又是确认与计量的一种书面表现形式。从会计信息系统论的观点来看，会计记录是会计信息系统的源头，企业所发生的经济业务只有经过会计记录的处理才可能进入到会计信息系统当中去，才能进一步的加工，最后以财务报告的形式输出。

会计记录分分录记录和账户记录两种。在这两种记录中，账户记录是会计记录的核心，一般意义上所说的“记账”就是指账户记录，即将企业所发生的经济交易与事项记录到账簿当中去。而分录记录是账户记录的前期准备工作，相当于在账户正式记录之前的一项准备工作，其目的是确保登记到该账户中的经济交易与事项都正确无误。所以，分录记录有两个作用，一是防止将不该登记的经济交易与事项被登记到了账户当中；二是防止所登记的经济交易与事项在账户中记错了位置。因此，从账户记录的角度上看，分录记录就是一道“门槛”，是一道“过滤器”。

（二）固定资产账户与累计折旧是什么关系?

固定资产账户是一个资产类账户，其在使用的过程中由于折旧的发生所导致固定资产价值减少的部分并没有登记在该账户的贷方，而是登记在另一账户的贷方，这个账户就是累计折旧账户。这样的处理带来两个方面的变化，一个方面就使得固定资产账户本身只反映固定资产原始价值的变化，其账户的借方就反映由于固定资产实物的增加所引起的固定资产原始价值的增加，其贷方就反映由于固定资产实物的减少所引起的固定资产原始价值的减少，其期末借方余额就反映企业目前所拥有的固定资产的原始价值；另一方面就使得累计折旧账户专用反映固定资产由于折旧的提取所减少的价值，其期末贷方余额就反映企业目前所拥有的固定资产由于折旧的提取所累计减少的价值。

一般来说，固定资产的原始价值与固定资产的使用价值是密切相关的，而固定资产的使用价值与企业的生产能力与生产规模又密不可分。所以这种账户设置的好处就体现在：通过固定资产账户就可以了解企业固定资产的原始价值，借助于原始价值可以大致推断和窥视企业的生产能力和生产规模；通过累计折旧账户就可以了解企业固定资产已经磨损转移的价值；将固定资产账户和累计折旧账户结合起来就可以了解固定资产的剩余价值，进而可以大致推断和窥视企业固定资产的新旧程度。

（三）如何理解生产成本账户和制造费用账户的设置?

生产成本账户和制造费用账户是企业在生产过程中为了核算完工产品的实际生产成本、控制企业生产过程而设置的账户。一般来说，企业生产车间所发生的整个生产费用可以划分为直接生产费用和间接生产费用，生产成本账户和制造费用账户的设置就是建立在这种对生产费用分类的基础上。所谓直接生产费用是指企业生产车间发生的、与企业所生产的某一特定产品有直接的对应关系，该直接生产费用在发生的时候就直接计入生产成本账户；所谓间接生产费用是指企业生产车间发生的、与企业所产生的产品没有明确的对应关系的费用，也就是说，它肯定是为企业产生的产品发挥了作用，但具体对哪个产品发挥多大的作用不好量化，该间接生产费用在发生的时候直接计入制造费用。这样，企业生产车间所发生的所有的生产费用要不计入了生产成本账户，要不计入了制造费用账户。由于我国产品成本核算方法采用的是制造成本法，而制造成本法要求企业生产车间所发生所有生产费用一般都得计入到完工产品的成本当中。因此，在企业生产的产品完工计算成本时，还需要将制造费用账户的间接生产费用采用合理的方法分配给所生产的不同产品，即将制造费用结转到生产成本账户。因此，生产成本账户是一个重要的成本计算账户。从这两个账户在产品成本计算所发生的作用来看，生产成本账户是核心账户，生产车间所发生的所有生产费用基本上都最终反映在生产成本账上，只不过间接生产费用在发生时先记在制造费用账上，后来才转到生产成本账上，制造费用账户在这里起了一个过渡性的作用。

如果企业的生产车间只生产一种产品，那还需要设置制造费用账户吗？我们认为，还是需要设置生产成本和制造费用两个账户。之所以这样说，是因为这种分工核算的方法除了上面所讲的与所生产的产品有没有直接的对应关系之外，还反映了一个事实，那就是分类核算直接生产费用和间接生产费用有助于企业针对不同的生产费用采用不同的成本控制手段与方法。

从企业生产过程上看，生产成本账户和制造费用账户汇集了企业生产车间生产产品所发生的各种各样的生产费用，并最终形成了完工产品的生产成本。因此，从这个角度来看，生产成本账户和制造费用账户都是成本计算账户，都是成本类账户。

从会计要素的角度来看，生产成本账户和制造费用账户都归属于资产类账户。因为记在制造费用账户上的金额最终都转到生产成本账户上，而生产成本账户上的金额最终又都转移到库存商品账户上。从某种意义上讲，汇集在生产成本账户和制造费用账户上的资金量就是企业在此时未完工的在产品的实际成本。也正是从这个意义上讲，生产成本和制造费用都属于企业的存货项目的组成部分。

（四）损益类账户的结构、记录与结转有何特点?

损益类账户包括收入类账户和费用（损益性费用）类账户。收入类账户主要包括主营业务收入、其他业务收入、投资收益、营业外收入等账户，而费用（损益性费用）类则包括主营业务成本、其他业务成本、营业税金及附加、其他业务成本、销售费用、管理费用、财务费用、营业外支出、所得税费用等账户。

收入类账户可以理解为企业资金的一种来源渠道，类似负债和所有者权益，其结构与负债类、所有者权益类基本一样，其账户结构都是账户的借方反映企业资金数量的减少，贷方反映企业资金数量的增加。但与负债类账户、所有者权益类账户的区别是，收益类账户的期末余额都为零。费用类账户的结构与资产基本是一致的，费用损失类账户可以理解为已消耗或已损耗的资产，其账户结构都是账户的借方登记资金的增加数，贷方登记资金的减少数，但与资产类账户不同的是，费用损失类账户账户的余额为零。为什么损益类账户的期末余额都为零呢？是因为会计分期假设要求企业需要分期结算企业的损益，以便确定企业的经营成果。企业在会计期期末时需要将所有的损益类账户全部结转到本年利润账户上确认与计量，当损益类账户上的金额全部从本账户转走时，所有的损益类账户的余额就全部为零了。

损益类账户的记录与结转都有自己的特点。平时如果发生与收入类账户相关的经济交易与事项，一般而言，就需要在收入类账户的贷方登记，以反映企业“收入”的增加；在企业会计期末确认损益时，就需要将记在收入类账户的金额从该类账户的借方转记到本年利润（账户的贷方），所以，结转一般登记在收入类账户的借方。平时如果发生与费用类账户相关的经济交易与事项，一般而言，就需要在费用类账户的借方进行登记，以反映企业“费用”的增加；在企业会计期末确认损益时，就需要将记在费用类账户的金额从该类账户的贷方转记到本年利润（账户的借方），所以，此时的结转一般登记在费用类账户的贷方。

（五）本年利润账户的结构与记录有何特点？

本年利润账户是一个所有者权益类账户。之所以这么说，是因为从归属的角度来看，企业所获取的利润（或亏损）最终是由企业的所有者来分享的（或承当的）。

本年利润账户专门用来核算企业在一定时期所获得的经营业绩。由于本年利润账户是所有者权益类账户，它的借方反映资金数量的减少，其具体记录的内容主要是指企业会计期末从各个费用损失类账户转过来的资金量，从总量上讲就是企业在本会计期间的费用损失总和；贷方反映企业资金数量的增加，其具体记录的内容主要是指企业会计期末从各收益类账户中转过来的资金量，从总量上讲就是企业在本会计期间所获得的总的收益。如果本账户借方发生额大于贷方发生额，则表明企业亏损；如果本账户借方发生额小于贷方发生额，则表明企业盈利；如果本账户借方发生额等于贷方发生额，则表明企业不赢不亏。

由于企业所赚取得利润最终归所有者获得，企业在会计期末（一般为年末）需要将所实现的利润全部结转到未分配利润分配账户，所以本年利润账户的年末余额为零。

（六）如何理解账户记录结转的含义及其做法？

账户记录的结转实际上有两层含义，一是指总结计算出某一个账户所记录的资金数额，二是指将所计算出来的账面记录数额从本账户转记到另一个账户中。

结转主要在以下几个不同的地方使用，其含义解释如下：

1. 结转采购材料的实际成本——主要是指计算出完工入库材料的实际成本，并将其金额从材料采购（或物资采购）账户转到原材料账户中；

2. 结转本期的制造费用——主要是指计算出本期所发生的制造费用总额，在按一定比例在所生产的产品之间进行分配后，将所分配的制造费用数额从制造费用账户转记到生产成本账户中；

3. 结转已完工产品生产成本——主要是指在计算出本期完工产品的实际生产成本后，将其金额从生产成本账户转记到库存商品（或产成品）账户中；

4. 结转已售产品（或材料）的实际生产成本（或采购成本）——是指在计算出本期已经出售的产品（或耗用的材料）的实际成本后，将其金额从库存商品（或原材料）账户转记到主营业务成本（或其他业务成本）账户中；

5. 将全部“收入”类账户结转至本年利润账户——将企业在某一会计期间的所有收入类账户的本期发生额从这些账户借方转出，记入本年利润账户的贷方，从而使得这些账户的期末余额为零；

6. 将全部“费用”类账户结转至本年利润账户——将企业在某一会计期间的所有费用类账户的本期发生额从这些账户的贷方转出，记入本年利润账户的借方，从而使得这些账户的期末余额为零；

7. 将本期所实现的全部利润结转至利润分配账户——企业在会计年度末将全年已实现的、记录在本年利润账户中的利润数额结转至利润分配（未分配利润）账户，本年利润账户的年末余额为零，等等。

与一般的经济交易与事项记录相比，账项结转的不同之处主要体现在以下几个方面：

1. 就其账务处理所依据的原始凭证来说，结转事项所依据的原始凭证一定是企业自制的原始凭证（有时也不需用原始凭证），该原始凭证由企业自行设计、企业会计人员自行填制，而不依赖外部原始凭证；

2. 就其所涉及的经济交易与事项本身而言，结转一般是指资金记录在不同账户之间的转移，不会影响企业实际可用资金的变化。

四、补充习题

(一) 单项选择题

1. 在使用收款凭证、付款凭证、转账凭证的单位，与货币资金无关的业务，填制的凭证是(　　)。

A. 收款凭证　　B. 付款凭证

C. 转账凭证　　D. 通用凭证

2. 下列凭证属于外来原始凭证的是(　　)。

A. 领料单　　B. 发料汇总表

C. 上缴税金的收据　　D. 产品交库单

3. 下列凭证中属于自制原始凭证的是(　　)。

A. 银行收款通知　　B. 付款凭证

C. 从购买方获得的销售发票　　D. 销售商品所开具的销售发票

4. 按填制程序和功能不同，会计凭证分为(　　)。

A. 收款凭证、付款凭证和转账凭证

B. 一次凭证和累计凭证

C. 原始凭证和记账凭证

D. 外来凭证和自制凭证

5. (　　)是用来编制会计分录的依据。

A. 原始凭证　　B. 一次凭证

C. 记账凭证　　D. 累计凭证

6. 下列有关记账凭证的说法不正确的是(　　)。

A. 记账凭证的填制与审核的作用主要在于：一方面防止不应该登入账簿的业务进入会计账簿，另一方面确保该登入的业务都正确地进入会计账簿

B. 会计分录在我国会计实际工作中就是记账凭证

C. 在会计电算化的情况下，记账凭证分为收款凭证、付款凭证

和转账凭证的意义已经不大了

D. 记账凭证登记的依据全部是原始凭证

7. 付款凭证表头列示的会计科目是(　　)。

A. 借方科目

B. 贷方科目

C. 有时为借方科目，有时为贷方科目

D. 不能肯定

8. 下列费用中，直接抵减当期损益的是(　　)。

A. 生产工人工资　　B. 广告费

C. 生产车间机器设备的折旧费　D. 生产产品所耗的材料费

9. 下列费用中，不应计入产品成本的是(　　)。

A. 直接材料费　　B. 直接人工费

C. 期间费用　　D. 制造费用

10. 月末，如果某种产品一部分完工而另一部分未完工，归集在产品成本明细账中的费用总额，还要采用适当的分配方法，在(　　)之间进行分配，然后才能计算完工产品成本。

A. 产品品种　　B. 产品批别

C. 产品生产步骤　　D. 完工产品和在产品

11. “累计折旧”账户属于(　　)类账户。

A. 资产　　B. 负债

C. 费用　　D. 成本

12. 下列项目属于管理费用的是(　　)。

A. 银行借款利息　　B. 厂部管理人员工资

C. 车间管理人员工资　　D. 车间水电费

13. “利润分配”账户年末贷方余额表示(　　)。

A. 已分配的利润额　　B. 未分配的利润额

C. 未弥补的亏损额　　D. 已实现的净利润

14. 下列账户中不可能与“制造费用”账户发生对应关系的账户是(　　)。

A. 原材料　　B. 累计折旧
C. 应付职工薪酬　　D. 库存商品

15. 下列项目中，不计入当期损益的是(　　)。
A. 管理费用　　B. 财务费用
C. 所得税费用　　D. 制造费用

16. 产品生产间接耗用的费用，先归入(　　)然后计入有关产品成本中去。
A. 间接费用　　B. 直接费用
C. 制造费用　　D. 期间费用

17. "期间费用"账户期末应(　　)。
A. 无余额　　B. 有借方余额
C. 有贷方余额　　D. 同时有借、贷方余额

18. 下列账户中能与"本年利润"账户发生对应关系的是(　　)。
A. 应交税费　　B. 盈余公积
C. 应付利润　　D. 利润分配

19. 下列项目中，属于其他业务收入的是(　　)。
A. 利息收入　　B. 投资收益
C. 清理固定资产净收益　　D. 出售材料收入

20. "累计折旧"账户的贷方余额表示(　　)。
A. 折旧的增加数　　B. 折旧的减少数
C. 折旧的累计数　　D. 折旧的转销数

21. 下列项目中，属于营业外收入的是(　　)。
A. 销售产品的收入　　B. 固定资产盘盈
C. 对外提供劳务的收入　　D. 投资收益

22. 下列项目中，属于营业外支出的是(　　)。
A. 支付银行借款利息　　B. 支付的广告费
C. 固定资产盘亏和毁损　　D. 销售多余材料的成本

23. "主营业务成本"账户的借方登记(　　)。

A. 库存商品成本　　　　　B. 正在生产的产品的生产成本

C. 已销售库存商品成本　　D. 已销售材料的购买成本

24. 期末，“制造费用”账户余额应转入(　　)。

A. “生产成本”账户　　　B. “管理费用”账户

C. “销售费用”账户　　　D. “财务费用”账户

25. 下列直接计入某种对象的生产经营成本的费用是(　　)。

A. 厂部办公费　　　　　B. 生产产品的材料费

C. 广告费　　　　　　　D. 利息费用

26. 下列项目中直接计入当期损益的费用是(　　)。

A. 生产成本　　　　　　B. 制造费用

C. 产品销售费用　　　　D. 直接材料

27. 下列费用中属于制造费用的是(　　)。

A. 车间办公费　　　　　B. 厂部办公费

C. 直接材料　　　　　　D. 直接人工

28. 企业将一笔销售费用误计入到当期的制造费用，本期所生产的产品尚未对外出售，该错误对本期有关项目的影响是(　　)。

A. 资产低估，净利润高估　B. 资产高估，净利润低估

C. 资产高估，净利润高估　D. 资产低估，净利润低估

29. 下列有关材料采购或物资采购的表述，不正确的是(　　)。

A. 该账户是一个记录材料采购成本的形成并用来计算确定材料采购成本的专门账户

B. 该账户的借方记录企业所采购材料的买价和发生的各种采购费用

C. 该账户的贷方记录完成采购手续并已验收入库的材料的采购成本

D. 该账户的期末余额表示已验收入库材料的实际成本

30. 因持有债券得到的利息计入(　　)。

A. “本年利润”账户借方　B. “本年利润”账户贷方

C. “投资收益”账户借方　D. “投资收益”账户贷方

(二) 多项选择题

1. 下列原始凭证中，属于一次凭证的有(　　)。

A. 发票　　B. 发料汇总表

C. 限额领料单　　D. 本企业开出的收款收据

2. 下列属于记账凭证的有(　　)。

A. 收款凭证　　B. 付款凭证

C. 转账凭证　　D. 通用记账凭证

3. 记账凭证的审核内容包括(　　)。

A. 是否与原始凭证内容相符

B. 应借应贷科目和金额是否正确

C. 凭证格式中有关项目的填列是否完备

D. 有关负责人是否都已签名或盖章

4. 原始凭证按使用方式和填制手续不同，可分为(　　)。

A. 一次凭证　　B. 累计凭证

C. 记账凭证　　D. 限额领料单

5. 现金与银行存款之间的划转应编制(　　)。

A. 现金收款凭证　　B. 银行存款付款凭证

C. 现金付款凭证　　D. 银行存款收款凭证

6. 产品的制造成本包括的内容为(　　)。

A. 为制造产品发生的材料费用

B. 为制造产品发生的人工费用

C. 为制造产品发生的固定资产折旧费用

D. 自然灾害造成的材料毁损

7. 下列项目中属于资本公积的内容有(　　)。

A. 接受捐赠　　B. 资本溢价

C. 股本溢价　　D. 企业意外所得

8. 下列收入中应记入“其他业务收入”账户的有(　　)。

A. 租金收入　　B. 材料出售收入

C. 处理固定资产净收益　　　D. 罚款收入

9. 下列项目中属于营业外支出的有(　　)。

A. 固定资产盘亏　　　B. 非常损失

C. 退休工人工资　　　D. 无法收回的坏账

10. 下列属于期间费用、直接计入当期损益的费用包括(　　)。

A. 销售费用　　　B. 管理费用

C. 制造费用　　　D. 财务费用

11. "实收资本"账户的核算内容中不包括(　　)。

A. 经营收入　　　B. 经营费用

C. 资产盘盈　　　D. 投资者投入资本

12. "短期借款"账户的结构包括(　　)。

A. 借方登记借款的增加数　　　B. 期末余额在贷方

C. 贷方登记借款的增加数　　　D. 借方登记借款的归还数

13. 接受投资者投资会引起(　　)。

A. 负债的增加　　　B. 收入的增加

C. 资产的增加　　　D. 所有者权益的增加

14. 属于企业利润总额的内容有(　　)。

A. 投资净收益　　　B. 营业利润

C. 营业外收支净额　　　D. 其他业务收入

15. 涉及所得税费用账户的会计分录，正确的有(　　)。

A. 借：所得税费用　　贷：应交税费——应交所得税

B. 借：所得税费用　　贷：银行存款

C. 借：本年利润　　贷：所得税费用

D. 借：所得税费用　　贷：本年利润

16. 应计入管理费用的支出有(　　)。

A. 购入厂部用小汽车一部　　　B. 厂部管理人员工资

C. 车间水电费　　　D. 全厂本期的报刊费

17. 属于生产车间直接费用的有(　　)。

A. 生产用电费　　　B. 生产耗用材料

C. 生产工人的工资　　　　　D. 生产车间管理人员的福利费

18. 企业的经济交易与事项包括(　　)。

A. 筹资交易　　　　　　　　B. 对外投资交易

C. 生产经营交易　　　　　　D. 利润及其分配事项

19. 下列项目中属于销售费用的有(　　)。

A. 广告费　　　　　　　　　B. 销售部门发生的办公费

C. 展览费　　　　　　　　　D. 销售部门发生的运输费

20. 产品在生产过程中发生的各种生产费用按其经济用途进行分类构成产品生产成本的成本项目，具体包括(　　)。

A. 直接材料费　　　　　　　B. 直接人工费

C. 制造费用　　　　　　　　D. 期间费用

21. 营业收入的增加可能引起(　　)。

A. 资产的增加　　　　　　　B. 负债的增加

C. 负债的减少　　　　　　　D. 资产和负债同时增加

22. 关于本年利润账户，下列说法中正确的有(　　)。

A. 借方登记期末转入的各项费用

B. 贷方登记期末转入的各项收入和利得

C. 在结转前的贷方余额为实现的累积净利润额

D. 在结转前的借方余额为发生的亏损额

E. 期末经结转后该账户没有余额

23. 企业实现的净利润应进行的分配项目有(　　)。

A. 计算并交纳所得税　　　　B. 支付银行借款利息

C. 提取盈余公积金　　　　　D. 向所有者分配利润

24. 下列项目中属于所有者权益要素的(　　)。

A. 资本公积　　　　　　　　B. 盈余公积

C. 利润分配　　　　　　　　D. 实收资本

25. 下列项目引起资产和所有者权益同时变化的业务有(　　)。

A. 收到所有者的投资

B. 提取盈余公积金

C. 将资本公积转赠资本

D. 所有者以货币形式从企业抽走部分投资

26. 下列有关利润分配账户表述正确的有(　　)。

A. 该账户属于所有者权益类账户

B. 该账户的借方记录企业提取的盈余公积金、向投资者分配的利润

C. 该账户贷方记录从本年利润账户中转入，可用于分配的全年实现的利润数额

D. 该账户的期末贷方余额表示企业留待以后期间分配的累计利润数

E. 该账户的借方还登记从本年利润中转入，留待以后弥补的全年经营成果的亏损额

F. 该账户的期末借方余额表示企业留待以后弥补的经营成果的累计亏损额

27. 下列有关固定资产和累计折旧账户的表述，正确的有(　　)。

A. 累计折旧账户的贷方登记固定资产因使用而价值减少的金额

B. 固定资产账户的贷方登记因固定资产实物形态的减少而使得固定资产原始价值减少的金额

C. 累计折旧账户抵减固定资产账户，就可以得出固定资产的净值

D. 累计折旧是资产账户

E. 累计折旧是抵减调整账户

28. 下列项目中属于计算营业利润范畴的有(　　)。

A. 主营业务收入和主营业务成本

B. 其他业务收入和其他业务成本

C. 管理费用、财务费用和销售费用

D. 营业外收入和营业外支出

E. 投资收益

29. 企业购入材料一批，货款支付，材料验收入库，则应填制的全部会计凭证有(　　)。

A. 材料验收单　　B. 材料入库单

C. 付款凭证　　D. 转账凭证

30. 下列有关生产成本和制造费用的表述，正确的有(　　)。

A. 生产成本和制造费用都属于成本类账户

B. 生产成本和制造费用都属于资产类账户

C. 制造费用的贷方记录会计期末时为计算产品生产成本而分配、结转至生产成本账户的制造费用

D. 生产成本账户的期末借方余额表示企业正在加工的产品的实际生产成本

(三) 判断题 (对的打○，错的打×)

1. 企业取得原始凭证后不经审核就可直接编制记账凭证。(　　)

2. 填制和审核会计凭证是会计信息系统运行的第一环节。(　　)

3. 自制原始凭证是由企业财会部门自行填制的原始凭证。(　　)

4. 记账凭证按其填制方式不同分为一次凭证和累计凭证。(　　)

5. 对于涉及现金和银行存款之间的收、付款业务，一般编制转账凭证。(　　)

6. 在编制记账凭证时，原始凭证就是记账凭证的附件。(　　)

7. 外来原始凭证都是一次凭证。(　　)

8. 大写金额数字有分的，分字后面不写“整”或者“正”。(　　)

9. 合计金额的第一位数字前要填写人民币符号（¥）。(　　)

10. 企业用转账支票购买货物时，应通过“应付票据”来进行核

算。（ ）

11. 企业以当年实现的净利润弥补以前年度结转的未弥补亏损时，不需要进行专门的账务处理。（ ）

12. 企业在经营过程中发生的某项费用计入管理费用和计入制造费用对当期经营成果的影响是相同的。（ ）

13. 企业给所有者的利润在已决定但尚未支付给所有者之前会形成企业的一项流动负债。（ ）

14. 企业的资本公积金、盈余公积金和未分配利润统称为留存收益。（ ）

15. 企业在生产过程中发生的一笔非正常材料损失会影响当期营业利润的确定。（ ）

16. 企业的投入资本是企业独立承担民事责任的资金保证，在数量上应等于企业在工商行政管理部门登记的注册资金总额。（ ）

17. 累计折旧账户是固定资产账户的抵减调整账户。（ ）

18. 管理费用、销售费用和制造费用属于企业的期间费用。（ ）

19. 应计入原材料成本的项目主要包括买价以及运杂费、保险费等采购费用。（ ）

20. 企业在经营活动产生的各种利息收入都属于投资收益，应该在“投资收益”账户中进行核算。（ ）

（四）综合题

1. 目的：掌握记账凭证的填制方法。

资料：甲公司在2007年8月份发生了以下三笔业务：

（1）2007年8月1日从银行提取现金5 000元备用。

（2）2007年8月2日从银行取得短期性借款100 000元，款已存入银行。

（3）2007年8月3日购买原材料50 000元，货款尚未支付。

要求：根据原始凭证（即上述经济业务）填制记账凭证（收、

付、转)。

2. 目的：掌握筹资和投资业务的会计处理。

资料：甲公司某月发生了下列经济交易与事项：

(1) 收到大华公司投资100万元，款已存入银行；

(2) 收到天宇公司投资200万元，其中以专利技术作价80万元，以一台设备作价100万元，货币资金20万元。

(3) 收到海欣公司以设备进行的投资，设备协商价为120万元，海欣公司占本公司注册资本1 000万元的10%。

(4) 向银行取得期限为6个月的短期性借款100万元，款已存入银行。

(5) 偿还已到期的临时性借款60万元。

(6) 向银行借入期限为3年的长期性借款500万元，款已存入银行。

(7) 接银行通知，已将本期应负担的短期性借款利息1万元从本企业银行账户中扣除。

(8) 企业以银行存款从股票交易市场购得股票30万元，以赚取差价。

(9) 企业将上期购入的以交易为目的的股票抛售，获得价款40万元，其成本为35万元。款已存入银行。

(10) 企业以货币资金100万元向彩虹公司投资，该股权企业准备长期持有。

要求：

对上述经济交易与事项进行确认与计量，并编制会计分录。

3. 目的：掌握购货交易的会计处理。

资料：甲企业某月发生下列经济交易与事项：

(1) 向大成工厂购入甲种材料200吨，单价200元，已用银行存款支付，材料已经达到，并验收入库。

(2) 以银行存款2 000元支付上项材料的装卸搬运费。

(3) 上项购入材料验收入库并按其实际成本转账。

(4) 向红星工厂购入乙种材料 80 000 公斤，单价 0.50 元。货款尚未支付，材料已经达到，并验收入库。

(5) 以银行存款 3 万元偿还欠红星工厂的货款。

(6) 向运达公司购入设备一台，价值 8 万元，款项以转账支票支付。

要求：

对上述经济交易与事项进行确认与计量，并编制会计分录。

4. 目的：掌握购货交易的会计处理。

资料：白马工厂在某月份内发生了下列有关材料采购的各项经济业务：

(1) 预支采购员外地差旅费 4 000 元，以现金支付。

(2) 向红星工厂购进下列原材料，货款尚未支付，但材料已运达本厂。

甲种材料	2 000 公斤	单价	8.00	16 000 元
乙种材料	1 000 公斤	单价	10.00	10 000 元
合　计				26 000 元

(3) 以银行存款支付上述材料的运费 6 000 元。

(4) 以现金支付上述材料运达仓库的装卸搬运费 2 400 元。

(5) 以现金支票支付上述材料的保险费 5 200 元。

(6) 以银行存款偿付红星工厂的材料货款 26 000 元。

(7) 上述所购材料均已验收入库，按其实际成本入账。

(8) 向天虹公司购入机器一台，价值 4 万元，货款尚未支付。

要求：

对上述经济交易与事项进行确认与计量，并编制会计分录（运输费和装卸搬运费按材料重量比例分配，保险费按买价分配）。

5. 目的：掌握生产交易的会计处理。

资料：甲企业在某月发生下列经济交易：

(1) 仓库发出材料用于产品生产计 20 000 元，车间一般耗用 800 元，全厂管理部门耗用 300 元。

(2) 本月应付职工薪酬的工资共10 000元，其中生产工人薪酬7 000元，车间管理人员薪酬2 000元，管理部门职工薪酬1 000元。

(3) 计提本月份固定资产折旧：车间使用的固定资产折旧700元，全厂管理部门使用的固定资产折旧300元。

(4) 预提由本月负担的生产车间大修理支出1 000元。

(5) 摊销应由本生产车间承担的待摊费用800元。

(6) 将本月份发生的制造费用转入生产成本账户。

(7) 本月生产的产品，已经全部制成并验收入库，按实际生产成本转账。

要求：

对上述经济交易与事项进行确认与计量，并编制会计分录。

6. 目的：掌握生产交易的会计处理。

资料：甲企业在某月生产子、丑两种产品，发生下列经济交易：

(1) 仓库发出下列材料供各方面使用：

	甲材料	乙材料	合计
A产品生产	12 600元	1 000元	13 600元
B产品生产	20 000元	550元	20 550元
车间一般耗用		150元	150元
管理部门耗用		170元	170元
合　　计	32 600元	1 870元	34 470元

(2) 本月应付职工薪酬分配如下：

生产工人的薪酬：		
A产品生产工人薪酬	3 000元	
B产品生产工人薪酬	4 000元	7 000元
车间管理人员薪酬		2 800元
管理部门职工薪酬		1 000元
合　　计		10 800元

（3）以银行存款支付生产车间水电费 1 000 元。

（4）以银行存款预付租入固定资产 3 个月的租金计 360 元。

（5）摊销应由本月成本负担的待摊费用：车间使用的租入固定资产的租金 100 元；企业管理部门使用的租入固定资产的租金 20 元；共计 120 元。

（6）计提本月份固定资产折旧：

车间使用的固定资产折旧	1 750 元
企业管理部门使用的固定资产折旧	150 元
合 计	1 900 元

（7）预提应由本月负担的生产车间机器大修理费用 1 200 元。

（8）将本月份发生的制造费用转入生产成本账户，并按照生产工人薪酬的比例在各种产品之间进行分配。

（9）本月生产的 A 产品 100 件，B 产品 500 件，均已全部制成并验收入库，按实际生产成本转账。

要求：

对上述经济交易与事项进行确认与计量，并编制会计分录。

7. 目的：掌握销售交易及其他交易的会计处理。

资料：甲企业在某月内发生了下列各项经济业务：

（1）向开开工厂售出 A 产品 80 件，每件售价 90 元，货款已收到并已存入银行。

（2）向振兴工厂售出 B 产品 60 件，每件售价 180 元，货款尚未收到。

（3）将售出两种产品的实际生产成本转账（A 产品每件 40 元；B 产品每件 100 元）。

（4）以银行存款支付上述 A、B 两种产品的销售运费 400 元。

（5）以现金支付其他销售费用 700 元。

（6）按照规定的税率，计算和登记上述 A、B 产品所应缴纳的销售税金，销售税金税率为 5%。

（7）厂部李军出差预借差旅费 800 元，出纳以现金支票支付。

(8) 出租会场收入现金 200 元。

(9) 企业以银行存款支付厂部本月水电费 3 000 元，以现金支付厂部办公费用 1 800 元，应付厂部管理人员薪酬 8 000 元，以现金支票支付厂部业务招待费 2 400 元。

(10) 让售材料售价 2 000 元，货款收到存入银行；材料实际成本为 1 600 元。

(11) 厂部刘三出差归来，报销差旅费 700 元，其在出差前预借差旅费 500 元，差额部分以现金补足。

(12) 厂部王刚出差归来，报销差旅费 400 元，其在出差前未借差旅费，以现金支票支付。

(13) 厂部固定资产发生折旧，共提取折旧费用 2 500 元。

(14) 企业以银行存款支付本月环保罚款 10 000 元，支付社区送温暖活动 3 000 元。

(15) 企业收到大宇公司包装物押金 2 000 元。

(16) 因大宇公司违约，企业没收大宇公司押金 2 000 元，全部作为营业外收入处理。

(17) 企业收到华纳公司支付的所欠上月的购货款 60 000 元，款已存入银行。

(18) 企业以银行存款缴纳应支付的消费税税金 10 000 元。

要求：

对上述经济交易与事项进行确认与计量，并编制会计分录。

8. 目的：掌握利润及利润分配事项的会计处理。

资料：某企业年末发生了下列有关事项或交易：

(1) 12 月 31 日结转有关收入、费用等账户。有关损益类账户余额如下：

主营业务收入	4 000 000 元	主营业务成本	1 800 000 元
营业税金及附加	100 000 元	其他业务收入	80 000 元
其他业务成本	60 000 元	投资收益	300 000 元
管理费用	200 000 元	财务费用	100 000 元

销售费用	300 000 元	营业外收入	140 000 元
营业外支出	100 000 元		

(2) 12 月 31 日计算本月应缴所得税费用，所得税税率为 25%。假设会计利润等于应税收益。

(3) 12 月 31 日结转所得税费用。

(4) 12 月 31 日，该企业决定按净利润的 10%提取盈余公积金，按净利润的 60%分配给投资者。

(5) 12 月 31 日一次性结转全年实现的净利润（公司 1～11 月份累计实现的净利润为 5 000 000 元）。

要求：

对上述经济交易与事项进行确认与计量，并编制会计分录。

第七章　会计记录(下)——账户记录

一、学习提示

本章主要阐述了账簿体系结构与登记方法、账簿记录的调整、账簿记录的核对与结算等问题。通过本章学习，应当掌握会计账簿的基本功能、会计账簿体系及其结构、主要账簿的登记方法、按权责发生制对期末账项进行调整的方法、试算平衡表的编制和使用方法以及错账的更正方法，理解期末结账和对账的内容与要求。

二、重要概念

1. 会计账簿

会计账簿简称“账簿”（或“账”），是以会计凭证为依据，连续、系统、分类地记录各种经济交易与事项的簿籍。在实务工作中，账簿是由若干张具有特定格式的账页组成，账页的格式实际上是账户结构的具体体现。

2. 总分类账

由总分类账户组成的账簿，基于满足会计信息使用者的信息需要而设立。其全面提供关于各个会计要素及其具体项目增减变动的系统化的信息，这些信息是编制财务报表所需的经济活动的基本信息，是企业最重要的会计账簿。

3. 明细分类账

根据企业内部管理的要求，对某一总分类账户的内容进行细分而设立的账户，其由明细分类账户组成，是对总分类账所提供信息的一种补充或详细说明。

4. 对账

会计期末，企业应当对账户（账簿）记录进行核对，以确保其准确无误。通常，账户记录的核对简称“对账”，包括记账凭证与账簿之间的核对（账证核对）、不同账簿之间的核对（账账核对）、账簿记录与财产物资实际情况之间的核对等内容（账实核对）。

5. 试算平衡表

根据借贷记账法的试算平衡原理编制，用来验证全部总分类账户记录是否存在错误。

6. 结账

对账户记录进行结算，即在会计期末（如月末、季末、年末）对各个账户的本期发生额和期末余额进行计算。

三、重点与难点理解

（一）如何理解我国企业的会计账簿体系？

企业应当结合其经济活动的基本内容、会计信息使用者的客观需要和企业内部经营管理的具体要求，建立完整的会计账簿体系。在我国，企业应当设立分类账和序时账（日记账）两类账簿。在分类账中，强调按类别、分类地记录企业的经济交易与事项；在序时账中，则强调按经济交易与事项发生的时间先后顺序进行记录。分类账包括总分类账和明细分类账。在会计账簿体系中，总分类账是核心账簿。总分类账记录的结果与相关明细分类账记录、日记账记录结果构成相互制约的“勾稽”关系。

（二）如何理解账簿记录与分录记录的关系？

分录记录和账簿记录是我国会计记录的两个步骤。分录记录（即编制记账凭证）以会计分录的方式，将原始凭证载明的繁杂的经济信息转换为系统、精简的会计信息。由于在会计分录中，集中列示了应借记和贷记的账户名称及其金额，所以可以通过借贷记账法的基本原理来检验会计分录的准确性，从而很大程度上保证了随后进行的账簿记录（会计账簿根据记账凭证进行登记）的准确性。因此，作为分录记录的载体——记账凭证便构成了会计账簿的登记依据。

此外，记账凭证中的会计分录完整地反映了某一特定经济交易与事项的全貌，而这是账簿记录难以做到的。但会计分录尽管能够反映某一特定经济交易与事项所引起的会计要素的变化，却无法反映某一会计要素的具体项目在特定期间内的增减变化过程及其结果，而后者恰恰是会计信息使用者了解企业财务状况、经营成果和现金流量时关注的首要问题。所以，此时有必要借助会计账簿这一记录工具。通过会计账簿，对经济交易与事项的相关信息进行归类，并将各个会计要素项目在特定期间的增减变动及其结果加以系统反映。账簿记录了各个会计要素的具体项目的分类信息，从而为编制财务报表并向会计信息使用者传递会计信息奠定了基础。

所以，记账凭证（分录记录）是联通原始凭证和会计账簿的渠道，而会计账簿（账户记录）则是联结记账凭证和财务报表的桥梁。

（三）账簿记录期末调整的依据及其内容是什么？

期末账项调整的依据是会计期间假设以及权责发生制。会计期间假设不仅为定期结账提供了理论依据，同时也为“跨期项目”的产生奠定了基础。跨期项目是指经济交易与事项发生所引起的、同时影响到几个会计期间会计确认与计量事项的收入和费用项目。跨期项目产生的客观原因是与收入或费用项目相关的货币资金收付时间同其受益期不相一致。从内容来看，跨期项目包括跨期收入项目和跨期费用项目。对跨期项目按权责发生制要求进行会计处理，主要形成递延项目和应计项目。递延项目是指在费用的受益期或收入权利形成之前预先支付或收取货币资金而形成的跨期项目，其包括预付费用和未实现收入。应计项目是指费用的责任已经产生、取得收入的权利已经形成但在以后的会计期间才实际支付或收到货币资金的跨期项目，其包括应计费用和应计收入。

在权责发生制下，为了正确计算当期损益，在各个会计期末必须对这些跨期项目予以调整，以便正确确定各个期间的收入、费用和利润数额。

（四）试算平衡表的依据和作用是什么?

试算平衡表的编制依据是借贷记账法的试算平衡原理。根据“有借必有贷，借贷必相等”的记账规则，形成了“发生额平衡”和“余额平衡”两个平衡公式，即“全部账户的本期借方发生额合计=全部账户的本期贷方发生额合计”和“全部资产类账户的期末借方余额合计=全部负债和所有者权益类账户的期末贷方余额合计”。由于总分类账是按照借贷记账法予以登记的，所以在进行总分类账记录核对时，可以使用根据上述试算平衡原理设计的“试算平衡表”对总账记录的准确性进行检验。

试算平衡表简称“试算表”，在我国也称为“总分类账本期发生额和余额对照表”。利用试算平衡表检验总分类账记录是否正确时，主要是验证试算平衡表中本期借方发生额合计是否等于本期贷方发生额合计。如果两者不相等，说明本期账簿记录肯定存在错误；若两者相等，则说明本期账簿记录可能正确也可能错误，因为重记经济业务、漏记经济业务、会计科目使用错误、借方和贷方金额出现等额差错等错误，会使得试算平衡表仍然“平衡”。所以，试算平衡表难以绝对保证总账记录的准确性，若要确定账簿记录是否存在错误，应通过其他错账查找方法进一步查明是否存在错账以及错账的具体情况。

（五）如何使用错账更正方法？

不同的错账类型，应采用不同的错账更正方法。

第一类错误是记账凭证正确，但根据正确的记账凭证记账时，账簿记录却出现错误。针对这一错误，应采用“划线更正法”进行更正。具体的更正方法是，将错误的文字或数字用一条红色横线划销，但必须保证原有字迹仍可辨认，以备查考；然后，在划线的上方用蓝字填写正确的文字或数字（在同一行的上方位置），并由错账更正人员在更正处盖章，以明确责任。在使用划线更正法时需要注意：对于文字错误，可只划去错误的部分，不必将与错字相关联的其他文字划去；但对于数字错误，应将错误的数额全部划线，不得只更正错误数额中的个别数字。

第二类错误是记账凭证的编制出现错误，根据错误的记账凭证登账，导致账簿记录也出现错误。这一类错误包括三种情况：

1. 记账凭证中的账户名称或借贷方向（无论金额是否有错）有误而导致错账。

这种情况下的错账，实际上是“记错了地方”。针对该错账，应采用“红字更正法”更正。其具体做法是：先用红字金额填制一张与原错误记账凭证内容完全相同的记账凭证，并据以用红字登记入账，以冲销原有的错误账簿记录；然后，再用蓝字填制一张正确的记账凭证，据以用蓝字登记入账，即达到更正目的。

2. 记账凭证中的账户和记账方向正确，但所记金额大于应记的正确金额，过账后导致错账。

这种情况造成的结果仅仅是使得账户金额多记。针对该错账，也采用红字更正法进行更正。其具体做法是：将多记的金额用红字填制一张与原来错误记账凭证所记载的账户名称、借贷方向均相同的记账凭证，并据以用红字登记入账。这种更正方法的实质是将账户中金额的多记部分冲销，从而达到更正目的。

3. 记账凭证中的账户和记账方向正确，但所记金额小于应记的正确金额，过账后导致错账。

这种情况造成的结果仅仅是使得账户金额少记。针对该错账，应采用“补充登记法”进行更正。其具体做法是：将少记的金额用蓝字填制一张与原来错误记账凭证所记载的账户名称、借贷方向均相同的记账凭证，并据以用蓝字登记入账。这种更正方法的实质是将账户中金额的少记部分补记入账，以达到更正目的。

四、补充习题

（一）单项选择题

1. 按照会计信息提供的详略程度的不同，会计账簿可以分为（　　）。

A. 总账和明细账　　B. 活页账和订本账

C. 总账和日记账　　D. 三栏式账户和多栏式账户

2. 现金和银行存款日记账应根据有关凭证（　　）。

A. 逐日汇总登记　　B. 逐日逐笔登记

C. 定期汇总登记　　D. 一次汇总登记

3. 下列（　　）不能作为银行存款日记账的登账依据。

A. 收款凭证　　B. 付款凭证

C. 转账凭证　　D. 通用凭证

4. “制造费用”明细账一般采用的账页格式是（　　）。

A. 三栏式　　B. 多栏式

C. 数量金额式　　D. 订本式

5. “库存商品”的相关明细账，其账页格式采用（　　）。

A. 三栏式　　B. 数量金额式

C. 多栏式　　D. 订本式

6. “应收账款”的相关明细账，其账页格式采用（　　）。

A. 三栏式　　B. 数量金额式

C. 多栏式　　　　　　　　　　D. 活页式

7. 通过试算平衡能够查找出来的错账是(　　)。

A. 漏账错误　　　　　　　　　B. 重复记账错误

C. 借贷方向相反的错账　　　　D. 借贷金额不等的错账

8. 账账核对是对账工作的一项重要内容，下列各项中，不属于账账核对的是(　　)。

A. 账簿记录与会计凭证的核对

B. 总分类账与日记账的核对

C. 总分类账之间的核对

D. 总分类账与所属明细分类账之间的核对

9. 根据权责发生制原则，下列可以作为费用计入当期损益的是(　　)。

A. 支付下年度财产保险费

B. 预付的货款

C. 采购材料时支付的运杂费

D. 当期应付而未付的银行借款利息费用

10. 晓泽公司以银行存款30万元采购行政管理部门用汽车一台，针对该业务在记账凭证上编制的会计分录为："借记管理费用，贷记银行存款"，并据以登记入账。针对该错账，应采用的错账更正方法是(　　)。

A. 红字更正法　　　　　　　　B. 补充登记法

C. 划线更正法　　　　　　　　D. 使用涂改液修改

(二) 多项选择题

1. 现金日记账可以根据(　　)记账凭证登记。

A. 现金收款凭证　　　　　　　B. 现金付款凭证

C. 银行存款收款凭证　　　　　D. 银行存款付款凭证

2. 银行存款日记账可以根据(　　)记账凭证登记。

A. 现金收款凭证　　　　　　　B. 现金付款凭证

C. 银行存款收款凭证　　　　　D. 银行存款付款凭证

3. 对账包括(　　)。

A. 账证核对　　　　　　　　　B. 账账核对

C. 账实核对　　　　　　　　　D. 原始凭证与记账凭证的核对

4. 下列(　　)属于结账工作的基本内容。

A. 按照权责发生制调整有关账项

B. 将各损益类账户的本期发生额结转至“本年利润”账户

C. 计算各个账户的本期发生额和期末余额

D. 作出结账标志

5. 下列说法正确的有(　　)。

A. 在我国，会计凭证的填制和会计账簿的登记是会计记录的两个基本步骤

B. 在会计账簿体系中，总账是企业最重要的账簿，居账簿体系的核心地位

C. 财务报表的编制主要是解决会计报告的问题

D. “证—账—表”过程实质上是会计数据按使用者要求不断汇总和浓缩的过程

(三) 分析计算题

1. 澜湖公司相关资料如下：

(1) 2006年12月16日，澜湖公司以银行存款支付2007年第一季度的行政办公楼房屋租金36 000元。

(2) 2006年12月30日以银行存款180 000元买入生产设备，预计使用寿命15年，预计净残值为0，按直线法提折旧。

(3) 2007年1月1日，澜湖公司向银行借入6个月期短期银行借款480 000元，年利率5%；根据借款协议，该借款到期一次还本付息。

根据上述资料分析，澜湖公司在2007年1月31日应对哪些账户记录进行期末调整（此处假定以一个月作为一个会计期间）？如何调

整？

2. 澜湖公司是一家生产性企业，其会计人员张明在对账的过程中发现了如下几项错误：

(1) 澜湖公司领用材料 18 300 生产产品，针对该经济业务编制的会计分录如下（已过账）：

借：库存商品　　　　18 300

　　贷：原材料　　　　18 300

(2) 澜湖公司以银行存款 10 000 元购买了一批原材料，并已验收入库。根据该项购货交易编制的记账凭证是正确的，但在登记“原材料”账户的时候，却将金额错写为 100 000 元。

(3) 澜湖公司赊销商品，售价为 680 000 元，针对该经济业务编制的会计分录如下（已过账）：

借：应收账款　　　　68 000

　　贷：主营业务收入　　　　68 000

(4) 澜湖公司以银行存款支付本月电台广告费 1 000 元，针对该业务编制的会计分录如下（已过账）：

借：销售费用　　　　10 000

　　贷：银行存款　　　　10 000

针对上述错账，应如何更正？

（四）综合题

1. 根据晓泽股份有限公司 10 月份发生的下列经济交易与事项编制会计分录：

(1) 月初接受投资者追加投资 500 000 元，款项存入银行。

(2) 赊购 B 材料 40 000 元，以银行存款支付 B 材料的采购运杂费 1 500 元，材料验收入库。

(3) 以银行存款 200 000 元购买管理部门所用客车一台。

(4) 企业生产甲产品耗用 B 材料 3 000 元，生产乙产品耗用 B 材料 26 000 元，生产车间一般性消耗 B 材料 1 000 元，管理部门消耗 B

材料 2 000 元。

(5) 本月甲产品的生产工人工资 30 000 元，乙产品的生产工人工资 20 000 元，车间管理人员工资 8 000 元，厂部管理人员工资 5 000 元。

(6) 计提本月固定资产折旧，其中生产车间的固定资产折旧 16 000元，行政管理部门固定资产折旧 3 000 元。

(7) 本月发生制造费用合计为 20 000 元，按甲、乙两种产品的直接工资费用比例分配制造费用。

(8) 本月完工入库乙产品 200 件，单位生产成本 100 元，结转产品实际生产成本。

(9) 本期销售乙产品一批，售价为 11 000 元，货款已存入银行。

(10) 按 5%的税率计算本期销售乙产品应负担的税金费用（以上述销售收入为计税基础)。

(11) 结转上述所售乙产品的成本 8 000 元。

(12) 以现金支付商品展览费 500 元。

(13) 对外销售 B 材料，售价 5 000 元，货款尚未收到。

(14) 结转上述所售材料的购置成本 4 200 元。

(15) 月末进行财产清查，发现 B 材料短缺 2 700 元，经批准转作“管理费用”。

2. 晓泽公司在 10 月 1 日相关账户的期初余额如下：

会计账户	金额（元）	描　述
预收账款	24 000	10 月 1 日，晓泽公司将其一闲置房屋租给 Y 公司使用，并预收了 8 个月的租金 24 000 元。
预付账款	6 000	上年年末，晓泽公司以银行存款支付本年的报刊订阅费 24 000 元。
短期借款	120 000	8 月 1 日，晓泽公司向银行借入 6 个月期短期银行借款 120 000 元，年利率 10%，根据借款协议，到期一次还本付息。

此处假定以一个月作为一个会计期间，根据上述资料分析，晓泽公司在10月31日应进行哪些期末账项调整（以会计分录的形式表示)？

3. 在期末对账的过程中，发现会计人员刘丽针对上述问题（一）中的业务3（即购置客车的业务)，在相关记账凭证上编制的会计分录为："借记管理费用20万，贷记银行存款20万"，并据以登记入账。针对这一错误，应如何更正（请指出错账更正方法的名称、具体方法以及必要的会计分录)？如果上述记账错误没有被发现，将会对晓泽公司10月份的资产负债表和利润表造成什么影响（假定所得税税率为30%)？

第八章　会计报告

一、学习提示

本章主要阐述企业财务会计报告的相关问题，包括财务报告及其体系、基本财务报表的基本原理与编制方法等。通过本章学习，要求掌握财务报表体系结构及其编制要求，资产负债表、利润表的基本原理与编制方法，理解基本财务报表的信息含量，了解分析判断企业财务状况、经营业绩和现金流量情况的基本方法。

二、重要概念

1. 财务报告

财务报告是企业对外揭示并传递经济信息的手段，也称为“财务会计报告”。由于财务报告信息直接影响会计信息使用者的利益，因此，财务报告必须对企业自身的财务状况、经营业绩和现金流量相关信息予以“充分披露”，尽可能地降低会计信息的“不对称性”。

2. 财务报表

财务报表（或称会计报表）是财务报告的主要内容，它是企业向投资者、债权人等会计信息使用者提供关于企业财务状况、经营业绩和现金流量信息的文字与表格文件。

3. 财务状况

财务状况是指企业在特定时日的资产规模与结构、产权关系及权益构成的基本状况。

4. 经营业绩

经营业绩即经营成果，是指企业在一定期间所发生的费用、取得的收入以及实现的利润或亏损情况，其表明企业的盈利状况。

5. 现金流量

现金流量是指企业在经营、投资和筹资等活动中形成的现金流入与现金流出及现金净流量情况，其表明企业的财务（或理财）能力。

6. 财务报表附注

财务报表附注是为了便于会计信息使用者理解财务报表的内容而对财务报表产生的基础、依据、原则和方法以及主要项目等所作的解释和说明。它是财务报告的重要组成部分。

7. 资产负债表

资产负债表是反映企业在一定时日的资产、负债和所有者权益状况的财务报表，也称“财务状况表”。

8. 利润表

利润表是反映企业在一定会计期间（如月度、季度或年度）经营业绩（或经营成果）的财务报表，也称为损益表。

9. 现金流量表

现金流量表是反映一定时期内（如月度、季度或年度）企业经营活动、投资活动和筹资活动对其现金及等价物所产生影响的财务报表，用来揭示企业经营活动、投资活动和筹资活动所引起的各种现金收入、现金流出与现金净流量情况。

三、重点与难点理解

（一）如何理解财务报告与财务报表的关系？如何理解财务报表体系及其结构？

财务报告是企业对外揭示并传递经济信息的载体，包括财务报表、财务报表附注和其他财务报告。财务报表构成了财务报告的主要内容，也是财务报告形成的基础。财务报告正是在财务报表基础上的拓展，其通过较为详细的文字分析与说明，使财务报表更容易被会计信息使用者理解和接受。

财务报表体系是反映企业在一定会计期间全部经济活动的价值变化内容与结果的载体，其经历了一个演变与发展过程。在不同的历史发展阶段，财务报表体系的结构、特征、不同报表的地位都存在差异。

在我国会计中，企业财务报表体系由资产负债表、利润表（收益表）、现金流量表和所有者权益（股东权益）变动表等报表构成。

（二）如何理解资产负债表、利润表的结构、数据来源、信息含量？

资产负债表分为“账户式”和“报告式”两种基本结构。前者体现“资产=负债+所有者权益”的关系，后者体现“资产-负债=所有者权益”的关系；两种结构中，资产要素的具体项目都是按其流动性强弱顺序依次排列的。资产负债表各项目的期末数根据账户的期末余额确定，年初数就是上年度资产负债表的期末数。企业的资产规模与结构、权益构成与产权关系和企业偿债能力等均内含于资产负债表中。

利润表分为按利润构成项目逐步计算的多步式利润表和分别汇总收入项目、费用项目以计算出利润的单步式利润表。其各项目的数据应根据损益类账户的本期发生额确定。利润表主要包含了企业收入和费用的构成与水平、利润数额及其构成和企业获利能力等信息。

（三）财务报表提供哪些主要会计信息？

财务报表主要提供企业在特定会计期间的财务状况、经营业绩和现金流量等信息。资产负债表主要反映企业在特定会计期末的资产、负债、所有者权益等状况，利润表主要反映企业在特定会计期间其收入、费用、利润等情况，现金流量表主要反映企业在特定会计期间其经营活动、投资活动、筹资活动等经济活动的现金流入和流出情况，而所有者权益变动表主要反映企业在特定会计期间其所有者投入资本以及企业留存收益增减变动等情况。

财务报表信息的使用或利用涉及到不同的利益相关者的利益，各利益相关者所关心的企业会计信息的侧重点也不同，如投资者主要关心其投资风险与投资报酬（收益），债权人则主要关心企业的偿债能力，而企业管理层要求了解企业的全面情况，政府及其经济监督机构则通过企业提供的会计信息来判断企业的经济行为是否合法和有效，同时作为决定经济政策、统计国民收入等的信息基础。当然，企业的盈利能力、偿债能力、资金营运能力等之间具有内在联系。

（四）如何利用财务报表信息了解企业的基本情况？

借助于企业提供的财务报表，可以从三方面分析企业的基本情况：一是企业的偿债能力，通过对流动比率、速动比率和资产负债的分析，可以获知企业的资产结构、财务风险和利用财务杠杆的程度；二是企业的盈利能力，把企业自身的净资产收益率、销售净利率和每股收益与行业平均水平及行业内领先企业水平相比较，可以体现出企业现阶段的获利能力和发展的潜力；三是企业的资金运营能力，应收账款周转率、存货周转率和总资产周转率集中反映出了企业应收账款和存货占用资金的水平，企业资产的流动性及企业的资金营运能力和对资金的利用效率。

在分析过程中，应做到不同报表之间的结合与比较、与同行业不同企业的比较及企业不同历史时期的纵向比较。除此之外，也不能忽视财务报表附注、其他财务报告等信息资料，它们对加深基本报表的理解、了解基本报表所不能披露的重要信息都具有极其重要的意义。

四、补充习题

（一）单项选择题

1. 财务报表附注是(　　)的重要组成部分。

A. 财务报告　　B. 现金流量表

C. 资产负债表　　D. 利润表

2. 资产负债表中资产项目的排列次序是依据(　　)。

A. 金额的大小　　B. 重要性的大小

C. 损耗程度的大小　　D. 流动性的大小

3. 下列不属于利润表信息内容的是(　　)。

A. 企业收入构成　　B. 企业费用构成

C. 企业偿债能力　　D. 企业获利能力

4. 一般来说，投资者最关心的比率是(　　)。

A. 资产负债率　　B. 存货周转率

C. 总资产报酬率　　D. 净资产收益率

5. 资产负债表和利润表同属于(　　)。

A. 财务状况报表　　B. 财务成果报表

C. 成本费用报表　　D. 对外报表

6. 在编制资产负债表时，资产类备抵调整账户余额的内容应列示在(　　)。

A. 资产方　　B. 权益方

C. 借方　　D. 贷方

7. 资产负债表的“期末数”栏应根据有关账户的(　　)来填制。

A. 本期增加额　　B. 本期减少额

C. 期末余额　　D. 期初余额

8. 现金流量表的编制基础是(　　)。

A. 现金　　B. 现金及其等价物

C. 经营资本　　　　D. 流动资产

9. 如果流动比率大于1，则下列结论成立的是(　　)。

A. 营运资金大于零　　　　B. 现金比率大于1

C. 速动比率大于1　　　　D. 短期偿债能力绝对有保障

(二) 多项选择题

1. 在我国会计中，企业财务报表体系由(　　)组成。

A. 资产负债表　　　　B. 利润表

C. 现金流量表　　　　D. 所有者权益变动表

2. 财务报告的构成包括(　　)。

A. 财务报表　　　　B. 科目汇总表

C. 财务报表附注　　　　D. 其他财务报告

3. 一般可作为速动资产的有(　　)。

A. 存货　　　　B. 现金

C. 无形资产　　　　D. 应收票据

E. 短期投资

4. 利润表提供的信息包括(　　)。

A. 实现的主营业务收入　　　　B. 应交的所得税

C. 企业的财务状况　　　　D. 利润或亏损总额

5. 资产负债表信息的数据来源有(　　)。

A. 资产账户期末余额

B. 负债账户期末余额

C. 所有者权益账户的期末余额

D. 上年末资产负债表

(三) 判断题（对的打○，错的打×）

1. 一般说来，企业未来的成长潜力与市盈率成正比，所以该比例越高越好。　　(　　)

2. 筹资活动产生的现金收入，全部来源于发行股票和债券收入

的现金。 ( )

3. 若固定资产净值增加幅度低于销售收入净额增长幅度，则会引起固定资产周转率增大，表明企业的营运能力有所提高。 ( )

4. 会计报表仅向有关部门报送，不需要提供给企业内部有关人员分析使用。 ( )

5. 企业的净利润和经营活动产生现金净流量是相等的。 ( )

（四）分析计算题

1. 目的：练习资产负债表项目的填制。

资料：某企业3月末有关总账科目余额如下：

(1) “库存现金”科目借方余额980元；

(2) “银行存款”科目借方余额10 258元；

(3) “原材料”科目借方余额18 695元；

(4) “生产成本”科目借方余额489元；

(5) “库存商品”科目借方余额6 589元；

(6) “长期借款”科目贷方余额153 000元；其中，将在一年内到期的为35 000元；

(7) “本年利润”科目贷方余额30 015元；

(8) “利润分配”科目借方余额4 856元。

要求：

(1) 计算资产负债表中“货币资金”、“存货”、“长期借款”和“未分配利润”四个项目的金额。

(2) 标明上列四个项目在资产负债表中是属于资产类、负债类还是所有者权益类。

2. 目的：掌握根据已知比率计算未知比率。

资料：某企业年末流动负债为100万元，流动比率为1.5，存货周转率为3.6，主营业务成本180万元。且年初和年末的存货金额相同。

要求：计算速动比率。

（五）综合题

1. NG公司近3年的财务信息如下：

NG公司近3年财务数据

项　目	20×5年	20×6年	20×7年
销售净额（万元）	6 000	6 500	7 500
总资产（万元）	2 500	3 500	4 500
普通股（万元）	300	300	300
盈余公积、资本公积及未分配利润（万元）	650	675	700
所有者权益合计	950	975	1 000
流动比率	1.5	1.15	0.9
应收账款周转天数（天）	20	30	40
存货周转率	12	10	6.5
资产负债率	0.62	0.72	0.875
流动负债/负债总额	0.5	0.65	0.75
销售净利率	3.5%	2%	0.8%
总资产周转率	2.4	1.857	1.667
净资产收益率	22.1%	13.33%	6%

该公司近年均无营业外收支和投资收益，所得税税率不变。请你分析一下公司的偿债能力、获利能力和资金运营情况。若你是公司总经理，你该如何解决公司所面临的问题？

2. 若你为某银行经理，两家企业同时向你行申请贷款，下面是两家企业的有关资料。问你将选择向哪家企业贷款，并说明理由（两者只选其一）。

资产负债表

编制单位：甲企业　　2006 年 12 月 31 日　　单位：元

资　　产	金　额	负　债	金　额
货币资金	200 000	短期借款	500 000
应收账款	500 000	应付账款	600 000
存货	800 000	负债合计	1 100 000
固定资产	8 000 000	实收资本	8 400 000
资产总计	9 500 000	负债和所有者权益合计	9 500 000

资产负债表

编制单位：乙企业　　2006 年 12 月 31 日　　单位：元

资　　产	金　额	负　债	金　额
现金	50 000	短期借款	3 000 000
应收账款	1 000 000	应付账款	1 500 000
存货	3 000 000	负债合计	4 500 000
固定资产	2 000 000	实收资本	1 550 000
资产总计	6 050 000	负债和所有者权益合计	6 050 000

第九章 会计循环

一、学习提示

本章主要阐述了会计循环的基本过程,并通过综合案例对我国企业会计循环的具体过程予以说明,还以附录形式介绍了美国企业的会计循环过程。通过本章学习,应当掌握会计循环的含义,熟练掌握我国企业会计循环的基本过程,理解美国企业会计循环的基本过程,理解会计确认、会计计量、会计记录和会计报告在会计循环过程中的具体运用。

二、重要概念

会计循环

在一个特定会计期间,从对经济业务的分析开始到编制财务报表为止,遵循一定的步骤,对经济业务进行确认、计量、记录和报告的会计信息处理全过程。

三、重点与难点理解

(一)如何理解会计循环的基本过程?

会计循环的基本过程包括分析经济交易、记录经济交易、期末账项调整、核对账户记录、结算账户记录、编制财务报表，该过程是从对经济交易的分析开始依次进行的。具体分析如下：

1. 分析经济交易。对原始凭证所记载的经济信息进行分析，运用会计确认标准判断是否应将相关的经济交易与事项纳入会计系统中反映。会计确认的基本标准是可定义性、可计量性、相关性和可靠性。会计确认的具体标准则根据不同会计要素而有更强的针对性。经过初步认定后，就应对那些应该被纳入会计系统中反映的项目采用相应的会计计量方法进行价值计量。

2. 记录经济交易。包括分录记录和账户记录两个具体的先后环节。分录记录是运用借贷记账法，以编制会计分录的形式，标明经济交易应当记入的账户名称、借贷方向及其金额。账户记录是根据会计分录中所标明的经济交易应当记入的账户名称、借贷方向及金额而在账户中系统地登记会计要素的具体内容的增减变化情况。

3. 期末账项调整。在期末结账前，为了正确计算期间损益，根据权责发生制原则，对那些在平时的记录中未能予以反映的收入和费用进行确认，并过入相应的账户。

4. 核对账户记录。主要内容包括“账证核对”、“账账核对”和“账实核对”。“账证核对”是指将账户记录与有关会计凭证相核对；“账账核对”是指各种账户有关指标的核对；“账实核对”是指将各种财产物资的账面余额与实存数额相核对。

5. 结算账户记录。在已经将一定时期内发生的全部经济业务登记入账的基础上，逐一计算各个账户的本期发生额和期末余额。

6. 编制财务报表。在将各个账户的本期发生额和期末余额计算确定之后，就可以根据账簿记录中的有关信息进行财务报表的编制，以反映企业在特定时日的财务状况、会计期间的经营成果和会计期间的现金流动情况等方面的总括信息。

（二）会计循环与会计确认、计量、记录和报告是什么关系？

会计确认是指对经济事项是否作为会计要素正式加以记录和报告

所作的认定；会计计量是对经济交易与事项的价值数量关系进行计算和衡量的过程；会计记录是将企业所发生的经济交易与事项在会计账户（账簿）中加以记载（即登记）的过程；会计报告是以财务报告为信息载体，向企业的利益相关者提供关于企业财务状况、经营业绩和现金流量信息的过程。会计循环是企业在一个特定会计期间，从对经济业务的分析开始到编制财务报表为止，遵循一定的步骤，对经济业务进行确认、计量、记录和报告的会计信息处理全过程。因此，会计循环的过程中就包括了会计确认、计量、记录和报告，会计循环实际上是把会计确认、计量、记录和报告有机地结合起来，最终实现会计系统提供会计信息的目的。企业首先需要以会计确认的方式对所发生的各项经济活动进行识别、判断，确定其是否应当进入会计系统（即是否作为会计上的经济交易或事项进行处理），并确定其在哪些特定会计账户中进行记录、是否在财务报表中予以披露。同时，对于应当进入会计系统反映的项目采用一定的会计计量方法进行计量。然后，对于上述经济交易和事项的确认内容和计量结果，通过账户（账簿）做出全面、完整、系统的记录。在会计期间终了，将账户中记录的企业经济活动信息进行汇总、浓缩，并主要以财务报表的方式进行报告。

四、补充习题

（一）单项选择题

1. 在会计循环的基本过程中，第三步是(　　)。

A. 记录经济交易　　B. 分析经济交易

C. 核对账户记录　　D. 期末账项调整

2. 账户记录的基础是(　　)。

A. 原始凭证　　B. 分录记录

C. 经济交易　　D. 账项调整

3. 在我国，对各个账户记录进行正式结账是紧接在(　　)后面进行的。

A. 期末账项调整　　B. 分录记录

C. 账户记录核对无误　　D. 编制财务报表

4. 期末进行账项调整主要是为了(　　)。

A. 保证会计信息的可比性　　B. 正确计算期间损益

C. 保证会计信息的可靠性　　D. 正确计算应交纳的所得税

5. 会计循环最重要的产出是(　　)。

A. 财务报表　　B. 记账凭证

C. 总分类账　　D. 明细分类账

6. 试算平衡表的数据来源主要是(　　)。

A. 总分类账　　B. 明细分类账

C. 日记账　　D. 总分类账和明细分类账

7. 以下账户中，期末结账后余额可能不为零的账户是(　　)。

A. 管理费用　　B. 财务费用

C. 生产成本　　D. 制造费用

(二) 多项选择题

1. 期末应当调整的收入项目包括(　　)。

A. 应计未计收入　　B. 预付收入摊销

C. 递延收入分配　　D. 应计未付费用

2. 核对账目的主要内容包括(　　)。

A. 账实核对　　B. 账表核对

C. 账证核对　　D. 账账核对

3. 会计循环实际上是对企业经济交易与事项所进行确认、(　　)的连续不断、周而复始的过程。

A. 计算　　B. 记录

C. 计量　　D. 报告

4. 结账时，应逐一计算各个账户的(　　)。

A. 期初余额　　　　　　　B. 本期减少额

C. 期末余额　　　　　　　D. 本期发生额

5. 我国企业会计循环过程的特征有(　　)。

A. 在日记账中体现分录记录

B. 分录记录过入总分类账的方式在所有企业都是一样的

C. 在记账凭证中体现分录记录

D. 分录记录过入总分类账的方式在部分企业存在差异

(三) 判断题 (对的打○，错的打×)

1. 在会计循环中，分析完经济交易后，就应该进行账户记录。(　　)

2. 期末账项调整时编制的记账凭证没有附原始凭证。(　　)

3. 在会计循环过程中，美国的"日记账簿"实际上相当于我国企业的记账凭证。(　　)

4. 账户记录提供单项经济交易的详细信息。(　　)

5. 在我国，记账凭证过入总分类账的方式在所有企业都是一样的。(　　)

(四) 综合题

资料：鸿丰有限责任公司内部设置"财务部"负责企业的会计与财务管理工作，熊毅为财务部经理。会计工作岗位设置及分工情况如下：出纳员刘海（负责现金、银行存款管理和登记现金、银行存款日记账）、记账员王莹（主要负责编制记账凭证等）、记账员李渊（主要负责登记总分类账等）、稽核陈炎（主要负责账目稽核等）。本月（2007年11月）新分配来一名记账员孙莉，分担了王莹的一部分工作。下列是孙莉于本月编制的记账凭证，尚未根据这些记账凭证登记分类账簿。

要求：请指出这些记账凭证中可能存在的问题。

付 款 凭 证

贷方科目：现金　　　　2007年11月3日　　　　付字第4号

摘　　要	借方科目		记账符号	金　　额
	总账科目	明细账科目		
发放应付职工工资	应付工资		√	1 000 000
合　　计				1 000 000

附件　张

会计主管：　　记账：　　出纳：刘海　审核：　　制证：王莹

收 款 凭 证

借方科目：现金　　　　2007年11月3日　　　　付字第5号

摘　　要	贷方科目		记账符号	金　　额
	总账科目	明细账科目		
从银行提现	银行存款		√	4 000
合　　计				4 000

附件　张

会计主管：　　记账：　　出纳：刘海　审核：　　制证：王莹

付 款 凭 证

贷方科目：银行存款　　　　2007年12月1日　　　　付字第40号

摘　　要	借方科目		记账符号	金　　额
	总账科目	明细账科目		
计提生产设备折旧	制造费用		√	5 000
合　　计				5 000

附件　张

会计主管：　　记账：　　出纳：　　审核：　　制证：王莹

转 账 凭 证

2007年12月1日　　　　转字第36号

摘　　要	总账科目	明细账科目	√	借方金额	贷方金额
结转本月已售	生产成本		√	280 000	
产品生产成本	库存商品	A产品	√		120 000
	库存商品	B产品	√		160 000
合　　计					

附件1张

会计主管：　　记账：　　审核：　　制证：王莹

第十章　会计规范

一、学习提示

本章主要阐述了会计规范的含义与目标、我国会计法律法规制度体系及其构成，并简要介绍了我国颁布的会计法、企业财务会计报告条例、企业会计准则与会计制度、企业内部会计控制、会计基础工作规范等会计规范的主要内容。通过本章学习，应当理解会计规范的含义，掌握我国会计法律法规制度体系及其构成，熟悉我国会计法的目标与主要内容，掌握我国会计准则与会计制度的基本关系及其体系结构，了解我国内部会计控制基本规范的主要内容和我国会计基础工作规范的基本内容与要求。

二、重要概念

1. 会计规范

会计规范是关于引导和制约经济组织（或单位）会计行为的标准或法式的总称。

2. 会计准则

会计准则是企业确认和计量经济交易与事项、编报财务报表以提供会计信息所应当遵循的标准和规则。

3. 会计法

一般指《中华人民共和国会计法》。该法于 1985 年 1 月 21 日由第六届全国人民代表大会第九次会议通过的，其经历了两次修订，第一次是在 1993 年 12 月，第二次是在 1999 年 10 月。《中华人民共和国会计法》是我国会计工作的根本大法，概括地规范了会计核算、会计监督的内容和要求，会计机构和会计人员的设置，相关会计行为的法律责任等内容。

三、重点与难点理解

（一）如何理解我国会计法规体系及其结构？

我国的会计法规体系是指针对企业等经济组织或单位及其会计机构、会计人员的会计行为所制定的法律、法规和制度等的总称。其主要包括五类基本内容：

1. 会计基本法律。指国家以法律形式对会计行为所作的规范，包括《中华人民共和国会计法》、《中华人民共和国注册会计师法》、《中华人民共和国审计法》等，由全国人民代表大会常务委员会通过后发布。

2. 会计行政法规。主要是指由国务院所颁布的《企业财务会计报告条例》等高层次的政府行政法规。

3. 会计准则和会计制度。是对会计确认、计量、记录和报告进行规范的会计标准和规则，由财政部发布。

4. 综合性会计规范。是指会计工作的一些基本制度，规定从事会计工作所必须遵循的基本原则和基本规程，主要包括财政部颁布的《会计基础工作规范》、《内部会计控制规范》以及由财政部和国家档案局联合颁布的《会计档案管理办法》。

5. 单位内部会计制度。指由各经济组织或单位在遵守全国性统一会计法律法规制度的前提下，结合自身的特点和经营管理目标，制定出适合于本单位的内部会计规范。

（二）如何理解会计准则的含义、基本功能、我国会计准则体系结构？

会计准则是企业确认和计量经济交易与事项、编报财务报表以提供会计信息所应当遵循的标准和规则。会计准则是主要涉及对具体的会计事项进行会计确认、计量和报告技术的一种会计规范形式，必要时也涉及一些会计记录技术方面的规定。会计准则是会计规范体系中的重要组成部分，因为其直接指出会计应该怎样和不应该怎样，为会计实务指明了方向，也对会计实务处理具有约束作用。

作为会计规范体系中的重要组成部分，会计准则的特点是分会计要素、分会计事项制定，从而将该要素或该类会计事项涉及的定义、特征及计量、披露等阐述得较为全面和清楚，逻辑性也很严密。而且，当某一会计事项随经济环境有所改变时，能够直接修改某一具体准则，用新的具体准则取而代之但又不影响对其他会计事项的规定，灵活性较强。

会计准则从规范范围上可以分为公共性会计准则和特殊性会计准则。公共性会计准则是指用于指导、规范所有行业共同具有的会计事项的处理的会计准则。具体又可分为两类，一是通用业务会计准则，即用于指导、规范所有行业都具有的一般性业务或事项的会计行为的准则，比如投资、固定资产、无形资产等会计准则；二是通用财务报表编制准则，用于规范所有行业各种财务报表的编制，也具有普遍性。特殊性会计准则是指用于指导企业特殊的业务或事项，或者一些特殊行业、特殊经营方式所具有的特殊业务或事项的会计处理的会计准则。具体又可分为两类，一是企业特殊业务准则，是用于指导、规范企业在特殊情况下或出于特殊的目的而发生的非一般性的经济业务的会计处理的准则，比如租赁业务、外币业务、企业合并等会计准则；二是特殊行业会计准则，是用于规范特殊行业的一般业务或事项的会计处理的准则，比如金融保险会计、事业单位会计、长期合同工程等准则。

作为我国会计规范体系中的重要组成部分，我国的会计准则也已初具规模。我国会计准则体系结构划分为三个层次。第一个层次为基本会计准则；第二个层次为具体会计准则；第三个层次是会计准则应用指南。基本会计准则主要规范会计目标、会计假设、会计信息质量要求、会计要素的确认、计量和报告原则等，在整个准则体系中起统驭作用，指导具体准则的制定和为尚未有具体准则规范的会计实务问题提供处理原则。具体会计准则主要规范企业发生的具体交易或事项的会计处理。应用指南主要包括具体准则解释和会计科目、主要账务处理等，为企业执行会计准则提供操作性规范。这三个层次既相对独立，又互为关联，构成统一整体。

（三）如何理解会计法的重要意义？

会计法是关于会计工作的根本大法，是制定其他一切会计行政法规、规章、准则、制度的基本依据，在当今的社会生活中具有重要的地位和作用。会计法是会计行为的最高法律规范，它为规范经济秩序提供了重要法律保证。《中华人民共和国会计法》于 1985 年 1 月 21 日由第六届全国人民代表大会第九次会议通过，其在随后的 1993 年和 1999 年分别进行了两次修订。修订后的会计法，对于规范会计行为，加强会计工作，提高会计信息质量，更有效地发挥会计在经济建设中的作用，具有非常重要的意义。

会计工作是经济管理工作的重要基础。加强经济管理，必须严格规范会计行为，坚持在法制的轨道上充分发挥会计核算、会计监督、参与经济决策的职能作用。这就要求在会计工作中准确地反映经济活动的状况，为经济管理决策提供真实可靠的会计信息。修订后的《会计法》适应了这种要求，明确规定必须依法从事会计事务，并且为会计人员依法行使职权提供了法律保障，同时，又加大了对会计工作中弄虚作假的惩治力度。这些规定体现了我国当前提高经济管理和经济决策水平，坚持维护市场秩序的决心和客观需要。

四、补充习题

(一) 单项选择题

1. 我国相关法律中对于会计工作最重要的是(　　)。

A. 中华人民共和国公司法　　B. 中华人民共和国会计法

C. 中华人民共和国证券法　　D. 中华人民共和国审计法

2. 我国会计准则由(　　)制定发布。

A. 全国人民代表大会常务委员会　B. 国务院

C. 财政部　　D. 证监会

3. 在我国，对会计档案的管理范围、管理方法、保管期限等问题做出规定的会计规范是(　　)。

A. 会计基础工作规范　　B. 会计档案管理办法

C. 内部会计控制规范　　D. 中华人民共和国会计法

4. 《企业财务会计报告条例》属于(　　)。

A. 会计行政法规　　B. 会计基本法律

C. 会计准则　　D. 综合性会计规范

5. 我国第一份会计准则——《企业会计准则》是在(　　)年发布的。

A. 1993　　B. 1998

C. 1997　　D. 1992

6. 现金和银行存款日记账必须采用(　　)账簿。

A. 活页式　　B. 订本式

C. 卡片式　　D. 集中式

7. 在美国，制定全国统一会计标准的机构是(　　)。

A. 证券交易委员会（SEC）　　B. 会计师协会（AIA）

C. 财务会计准则委员会（FASB）　D. 会计原则委员会（APB）

8. 经济组织或单位的会计责任承担者是(　　)。

A. 单位会计人员　　B. 财务总监

C. 单位负责人　　D. 总会计师

9. 在我国，不属于强制性会计规范的是(　　)。

A. 中华人民共和国会计法　　B. 企业财务会计报告条例

C. 小企业会计制度　　D. 单位内部会计制度

10.《中华人民共和国会计法》最初是在(　　)年由全国人大常委会通过的。

A. 1993　　B. 1992

C. 1985　　D. 1999

(二) 多项选择题

1. 属于综合性会计规范的有(　　)。

A. 企业财务会计报告条例　　B. 内部会计控制规范

C. 会计基础工作规范　　D. 会计档案管理办法

2. 我国企业会计准则的层次包括(　　)。

A. 会计基本准则　　B. 会计准则指南

C. 会计具体准则　　D. 会计准则解释

3. 以下情况中可以用红色墨水记账的有(　　)。

A. 按照红字冲账的记账凭证，冲销错误记录

B. 在不设借贷等栏的三栏式账页中，登记负数

C. 在未印明余额方向的三栏式账户的余额栏内登记负数余额

D. 在不设借贷等栏的多栏式账页中，登记减少数

4. 从规范的对象或内容划分，会计规范包括(　　)。

A. 关于会计信息加工与披露的规范

B. 关于会计人员素质的规范

C. 关于会计组织的规范

D. 关于会计职业道德的规范

5.《中华人民共和国会计法》认定的违反该法律的行为包括(　　)。

A. 私设会计账户　　　　　　　B. 随意变更会计处理方法
C. 不依法设置会计账簿　　　　D. 任用会计人员不合法

（三）判断题（对的打〇，错的打×）

1. 从事会计工作的人员，必须取得会计从业资格证书。（　　）
2. 企业会计人员对本企业财务报告的真实性、完整性负责。（　　）
3. 单位可以聘请中介机构对单位内部会计控制制度进行评价。（　　）
4. 会计准则与会计制度的目的都在于规范企业会计行为，但会计制度主要是针对企业会计确认、计量和报告的行为规范。（　　）
5. 1973 年 6 月，由澳大利亚、加拿大等 9 个国家的 16 个会计职业团体联合发起成立了国际会计准则委员会。（　　）

（四）综合题

资料：法国林特公司总裁率公司高层代表团到武汉进行考察，参观你所在的公司时对你公司的业务很感兴趣，有意向进行合作。你所在的公司为一家股票在深圳证券交易所上市交易的公司。公司领导派你撰写一份中文草稿向林特公司代表团解释我国的会计法规体系，以及我国企业会计准则和国际会计准则/国际财务报告准则的关系。

要求：撰写一份符合公司领导要求的草稿。

第二部分　教材习题与案例解答

第一章习题与案例解答

（一）目的：了解公司制企业的基本情况

练习题答案要点：略。

（二）目的：了解我国会计规范的基本情况

练习题答案要点：我国会计规范主要包括全国人民代表大会颁布的《中华人民共和国会计法》、国务院颁布的《企业财务会计报告条例》、财政部颁布的《企业会计准则》和《会计基础工作规范》等。本题答案可以参见教材第十章内容。

（三）目的：理解信息的相关性含义

练习题答案要点：与天盛银行高级管理人员决策行为相关的信息包括（1）、（2）、（3）、（4）、（5）、（6）、（7）、（8）、（10），如果该银行与I国企业等存在经济关系，则（9）亦属相关信息。

（四）目的：理解会计信息的内容及其相关性特征

练习题答案要点：对该公司投资者而言，（1）、（2）、（3）、（4）、（5）、（6）、（7）、（8）、（9）、（10）等都是具有相关性的信息；其中，（2）、（10）属于会计信息。

第二章习题与案例解答

(一) 目的：掌握会计要素的内容

练习题答案要点：

单位：万元

事　项	资　产	负　债	所有者权益
(1)	600		
(2)			900
(3)			80
(4)		19	
(5)	120		
(6)	240		
(7)	300		
(8)		18	
(9)	1		
(10)		15	
(11)		50	
(12)			20
(13)		30	
(14)	76		
(15)		3	
(16)	320		
(17)		500	
(18)		22	
合　计	1 657	657	1 000

(二) 目的：掌握会计要素的内容

练习题答案要点（见下表）：

单位：万元

题号	主营业务收入	其他业务收入	成本性费用		损益性费用		利润总额		
			材料采购成本	产品生产成本	营业成本	期间费用	经营收益	投资收益	其他收益
(1)	500				320				
(2)			380						
(3)				30		0.3			
(4)		1			0.8				
(5)				8		8			
(6)				28		9			
(7)						3.6			
(8)						7			
(9)								4	
(10)									-5
(11)						6.8			
(12)									1.5
(13)				4.5		3.5			
合计	500	1	380	70.5	320.8	38.2	142	4	-3.5
			450.5		359		142.5		

注：经营收益=主营业务收入+其他业务收入-损益性费用

（三）目的：掌握会计要素的内容

练习题答案要点：

（1）资产：货币资金 200万元　负　　债：短期借款　150万元

原材料　200万元　　　　　长期借款　150万元

固定资产 200万元　所有者权益：股本——A　200万元

银行存款 300万元　　　　　　　　　B　200万元

C　200万元

(2) 流动资产 = 200 + 200 + 300 = 700（万元）

长期资产 = 200 万元

总资产 = 900 万元

流动负债 = 150 万元

长期负债 = 150 万元

总负债 = 300 万元

所有者权益 = 600 万元

（四）目的：掌握会计要素的基本关系

练习题答案要点：

(1) 见下表：

单位：万元

交易	经济交易的影响结果		
	资产	负债	所有者权益
期初余额	210	80	130
(1)	50	50	
(2)	-4+4		
(3)	20		20
(4)	-15	-15	
(5)	-30+30		
合计	265	115	150
资金总额	265		

注：期末所有者权益 = 期初所有者权益 + 追加投资 + 未分配利润

本期实现利润 = 期末所有者权益 - 期初所有者权益 - 追加投资

(2) 本期实现利润 = 175 - 130 - 20 = 25（万元）

（五）目的：熟悉经济交易与事项及其对会计要素的影响

练习题答案要点（见下表）：

交易序号	经济交易的影响结果					交易类型
	资　　产	负　债	所有者权益	收　入	费　用	
(1)	+10 000		+100 000			第一类交易
(2)	-5 000				+5 000	第六类交易
(3)	+30 000；-30 000					第三类交易
(4)	-120				+120	第六类交易
(5)	+50					第五类交易
(6)	+2 000；-2 000					第三类交易
(7)	-1 800				+1 800	第六类交易

（六）目的：熟悉经济交易与事项及其对会计要素的影响

练习题答案要点：

（1）10月末的资金总额=1 000+238=1 238（万元）

资产总额=1 238万元

负债总额=400+188=588（万元）

所有者权益=600+50=650（万元）

（2）10月份实现利润=期末所有者权益-（期初的所有者权益+本期增加所有者权益）=650-（600+50）=0

（3）经济交易的影响及结果（分析见下表）：

交易序号	资　　产	费　　用	负　　债	所有者权益	收　　入	交易类型
10月初	1 000		400	600		
(1)	-20		-20			第二类交易
(2)	+200		+200			第一类交易
(3)	+50			+50		第一类交易
(4)	+30；-30					第三类交易
(5)	+12；-12					第三类交易
(6)	+8		+8			第一类交易
10月末	1 238		588	650		

案例分析（P105）提示：

分析思路：案例中印务社属一小型企业，经济交易与事项较简单，项目的设置可结合实际情况适当简化。据可能涉及到的经济交易与事项设置资产、负债、所有者权益、损益类等项目，以便进行核算。具体设置的项目有资产类项目：库存现金、银行存款、库存商品、预付费用、固定资产；负债类项目：短期借款、应付账款；所有者权益：实收资本；损益类项目：营业收入、营业成本、营业税金及附加、期间费用、利润。

参考答案如下：

(1) 资　　产：

库存现金

银行存款

库存商品——纸张、油墨、订书机等

预付费用——租金

固定资产——方正电脑

——打印机

——复印机

——传真机

——电话

负　　债：短期借款

应付账款

所有者权益：实收资本

(2) 营业收入——电脑打字业务

——打印业务

——复印业务

——传真业务

——公用电话业务

营业成本——原材料（纸张、油墨等）

——固定资产的折旧

——上网费

——电话费

——电脑、复印机等的维护费

——水电费

——房屋租金

——利息

——员工的业务培训费等

营业税金及附加——营业税等

第三章习题与案例解答

（一）目的：掌握账户的内容

参考答案要点：

需要使用的账户：

（1）原材料——木料

（2）原材料——油漆

（3）、（6）固定资产——运输汽车、生产设备

（4）应付账款

（5）其他应收款

（7）股本

（8）长期借款

（9）银行存款

（10）应付职工薪酬

（11）应交税费

（12）持有至到期投资或交易性金融资产

（13）库存现金

（二）目的：掌握借贷记账法

参考答案要点：

1. 会计分录如下：

(1) 借：银行存款 160 000
　　贷：实收资本 160 000

(2) 借：管理费用 2 000
　　贷：银行存款 2 000

(3) 借：固定资产——电脑 12 000
　　贷：银行存款 6 000
　　　　应付账款 6 000

(4) 借：库存现金 3 000
　　贷：银行存款 3 000

(5) 借：管理费用 1 500
　　贷：银行存款 1 500

(6) 借：固定资产——空调 1 900
　　贷：应付账款 1 900

(7) 借：银行存款 6 500
　　贷：主营业务收入 6 500

(8) 借：营业外支出 200
　　贷：库存现金 200

(9) 借：库存现金 3 000
　　贷：银行存款 3 000

(10) 借：银行存款 100 000
　　贷：长期借款 100 000

(11) 借：主营业务成本 6 000
　　贷：库存现金 6 000

(12) 借：银行存款 3 000
　　贷：预收账款 3 000

(13) 借：管理费用 800
　　贷：库存现金 800

(14) 借：主营业务成本 900

贷：库存现金　900

（15）借：其他应收款　400

贷：库存现金　400

2. 登记 T 字账户：

银行存款

	0		
(1)	160 000	(2)	2 000
(7)	6 500	(3)	6 000
(10)	100 000	(4)	3 000
(12)	3 000	(5)	1 500
		(9)	6 000
		(11)	300
		(14)	900
	249 800		

固定资产

	0		
(3)	12 000		
(6)	1 900		
	13 900		

实收资本

			0
		(1)	160 000
			160 000

营业外支出

	0		
(8)	200		
	200		

长期借款

			0
		(10)	100 000
			100 000

其他应付款

			0
(9)	6 000	(3)	6 000
		(6)	1 900
			1 900

管理费用

	0		
(5)	1 500		
(13)	800		
	2 300		

库存现金

	0		
(4)	3 000	(8)	200
		(13)	800
		(15)	400
	1 600		

主营业务收入

			0
		(7)	6 500
			6 500

主营业务成本

	0		
(14)	900		
	900		

其他业务成本

	0		
(11)	300		
	300		

其他应收款

	0		
(15)	400		
	400		

预收账款

			0
		(12)	3 000
			3 000

销售费用

	0		
(2)	2 000		
	2 000		

案例分析（P141）提示：

1.（1）“固定资产——房屋”账户不对，因其是租用商业用房，没有控制权，不能做固定资产核算。

(2) “原材料”账户不合适，因其不是工业企业，没有加工生产过程，而是娱乐业，应用“库存商品”核算其储备的营业用品。

(3) “股本”账户使用不合适，因其不是股份公司，应用“实收资本”。

(4) “所得税费用”账户不对，所得税是针对公司制企业征收的，唐先生开的是个人独资企业，交纳个人所得税。

2. 所设计账户如下：

(1) 资产类：

库存现金：核算日常库存的现金；

银行存款：核算存入银行的各种款项；

应收账款：核算因提供娱乐服务，应向其他企业或个人收取的款项；

其他应收款：核算除应收账款外的其他各种应收、暂付款项（例如，应收的各种赔款）；

预付费用：核算预交的房屋租金；

库存商品：核算提供酒水等服务所购入的商品；

固定资产：核算卡拉OK设备、茶几、沙发等资产；

累计折旧：核算固定资产所计提的折旧；

低值易耗品：核算日常经营中的一些小物品（如一次性茶杯、餐巾纸等）。

(2) 负债类：

短期借款：核算向银行借的小额借款；

应付账款：核算因购入商品等应付给其他企业或个人的款项；

其他应付款：其他的应付、暂收款项；

应交税费：核算应交的营业税等；

应付职工薪酬：核算支付给职工以及为职工支付的各种工资、奖金、津贴等。

(3) 所有者权益类：

实收资本：唐先生投入的资金；

盈余公积：提取的公积金；

利润分配——未分配利润：企业盈利后未分完的部分。

(4) 损益类：

主营业务收入：提供自助业务所收到的收入；

主营业务成本：提供酒水等消耗的商品、资产的折旧摊销等；

管理费用：包括租金、水电费、营业人员的工资等管理费用；

财务费用：借款利息、手续费等；

营业税金及附加：营业税等；

本年利润：计算实现的利润。

第四章习题与案例解答

（一）目的：掌握会计确认的基本方法

参考答案要点：

序号	项目名称	资产要素		负债要素		所有者权益要素	
		会计科目	金额(元)	会计科目	金额(元)	会计科目	金额(元)
(1)	吸收资本					实收资本	760 000
(2)	房屋建筑	固定资产	123 800				
(3)	盈余公积					盈余公积	57 000
(4)	库存原材料	原材料	9 300				
(5)	在用汽车	固定资产	121 200				
(6)	应付商业票据			应付票据	80 000		
(7)	未完工产品	生产成本	91 000				
(8)	向银行临时借款			短期借款	15 850		
(9)	库存现金	库存现金	400				
(10)	应付购货款			应付账款	102 950		
(11)	机器设备	固定资产	225 000				
(12)	累计折旧	累计折旧	－100 000				
(13)	应收销货款	应收账款	3 300				
(14)	在银行存款	银行存款	522 000				
(15)	暂付差旅费	其他应收款	650				
(16)	库存外购零件	原材料	6 150				
(17)	库存完工产品	库存商品	113 000				
(18)	专利权	无形资产	50 000				
(19)	未交税金			应交税费	60 000		
(20)	未分配利润					利润分配	90 000
合计		资产	1 165 800	负债	258 800	所有者权益	907 000

（二）目的：掌握会计确认的基本方法

参考答案要点：

交易序号	会计要素（注明增减变化）	会计账户（注明记账方向及其金额）
(1)	资产+、负债+	借：银行存款 50 000 贷：短期借款 50 000
(2)	资产+、收入+	借：应收账款 20 000 贷：主营业务收入 20 000
(3)	资产+、所有者权益+	借：固定资产 200 000 贷：实收资本 200 000
(4)	资产+-、负债+	借：原材料 100 000 贷：银行存款 50 000 应付账款 50 000
(5)	资产-、负债-	借：应付账款 15 000 贷：银行存款 15 000
(6)	资产-、费用+	借：管理费用 500 贷：银行存款 500
(7)	资产+-	借：预付费用 12 000 贷：银行存款 12 000
(8)	资产-、费用+	借：管理费用 800 贷：预付费用 800
(9)	资产+-	借：银行存款 150 000 贷：应收账款 150 000
(10)	资产+、负债+	借：银行存款 60 000 贷：预收账款 60 000
(11)	资产-、成本+	借：生产成本——A产品 80 000 贷：原材料——甲材料 80 000
(12)	资产+-	借：其他应收款 5 000 贷：库存现金 5 000

续表

交易序号	会计要素（注明增减变化）	会计账户（注明记账方向及其金额）
(13)	资产-、费用+	借：制造费用 80 000 管理费用 20 000 贷：累计折旧 100 000
(14)	资产-、费用+	借：管理费用 20 000 应计费用 220 000 贷：银行存款 240 000
(15)	资产-、负债-	借：应交税费 50 000 贷：银行存款 50 000
(16)	负债-、所有者权益+	借：应付账款 5 000 贷：资本公积 5 000
(17)	所有者权益+-	借：资本公积 300 000 贷：实收资本 300 000
(18)	费用+、负债+	借：财务费用 3 600 贷：应付利息 3 600
(19)	资产-、负债-	借：管理费用 5 000 贷：库存现金 5 000
(20)	资产-、费用+	借：管理费用 6 000 贷：库存现金 1 000 其他应收款 5 000

（三）目的：掌握权责发生制与收付实现制

参考答案要点：

交　易	现金收付制		权责发生制	
	收　入	费　用	收　入	费　用
(1)		300		300
(2)		2 000		
(3)		500		

续表

交　　易	现金收付制		权责发生制	
	收　　入	费　　用	收　　入	费　　用
(4)		0	20 000	
(5)		38 000		
(6)	500	0		2 500
(7)	500 000	0		
合　　计	500 500	40 800	20 000	2 800

（四）目的：掌握会计确认的基本方法

参考答案要点：

（1）不确认。

（2）生产成本减少，库存商品增加。

借：库存商品　　200 000

　　贷：生产成本　　200 000

（3）预付账款（资产）增加，银行存款减少。

借：预付账款　　100 000

　　贷：银行存款　　100 000

（4）损失增加，库存现金减少。

借：营业外支出　　50 000

　　贷：库存现金　　50 000

（5）预付费用增加，银行存款减少。

借：预付费用　　30 000

　　贷：银行存款　　30 000

（6）银行存款、应付利息（负债）减少，财务费用增加。

借：财务费用　　30 000

　　应付利息　　60 000

　　贷：银行存款　　90 000

（7）负债增加，费用增加。

借：营业税金及附加　　50 000

　　贷：应交税费　　50 000

(8) 相应费用成本增加，负债增加。

借：管理费用　　50 000

　　生产成本　　100 000

　　贷：应付职工薪酬　　150 000

(五) 目的：掌握收入的确认方法

不能确认。

我国企业会计准则规定，对于产品销售收入的确认，必须符合以下条件：企业已将商品所有权上的主要风险和报酬转移给购货方；企业既没有保留通常与所有权相联系的继续管理权，也没有对已售出的商品实施有效控制；收入的金额能够可靠地计量；相关的经济利益很可能流入企业；相关的已发生或将发生的成本能够可靠地计量。本例中，由于甲公司拥有退货权利，因此大鸣公司收款的权利具有不确定性，不能确认收入，待退货期满，如甲公司仍未退货，则可以确认收入。

(六) 目的：理解资产与费用要素的基本关系

欣茹同学的观点有一定道理，但不完全正确。

确认一项支出属于资产还是费用，要根据会计要素确认的标准来判断。首先要看其是否符合资产或费用的定义，还要考虑是否可以计量、相关性和可靠性等。对于符合资产定义的项目，会计上不一定确认为资产，亦可能基于重要性原则的考虑，将其直接确认为费用，比如企业购入的零星办公用品。无论确认为资产还是费用，要保持确认标准的一致性，即会计信息可比性的质量要求。

案例分析（P181）提示：

(1) 错误。交易尚未发生，风险和报酬尚未转移，不能确认资产和收入。

(2) 错误。不满足重要性要求，一般不确认为固定资产。

(3) 错误。根据权责发生制原则与配比原则，该费用应在四个月内分别确认。(注：我国2006年发布的企业会计准则中规定，维修费用不再采用待摊或者预提的方式，而是在发生时直接计入当期损益)

(4) 错误。属于非日常活动所形成，属于利得，应计入“营业外收入”。

(5) 错误。应在7月20日交易发生时确认资产和负债。

(6) 正确。符合损失的定义，应确认为营业外支出。

第五章习题与案例解答

(一) 目的：掌握材料采购成本的计算方法

参考答案要点：

装卸费用分摊率：5 500÷(25+30)=100(元/吨)

A应分摊的装卸费：25×100=2 500(元)

B应分摊的装卸费：30×100=3 000(元)

保险费用分摊率：

3 350÷(25×8 000+30×2 500+15×4 000)=0.01

A应分摊的保险费：25×8 000×0.01=2 000(元)

B应分摊的保险费：30×2 500×0.01=750(元)

C应分摊的保险费：15×4 000×0.01=600(元)

种类	重量(吨)	单价(元)	买价(元)	运费(元)	挑选(元)	装卸(元)	保险(元)	合计(元)	单位成本(元)
A	25	8 000	200 000	4 500		2 500	2 000	209 000	8 360
B	30	2 500	75 000	5 300		3 000	750	84 050	2 801.67
C	15	4 000	60 000	3 000	3 500	1 500	600	68 600	4 573.33

(二) 目的：掌握存货的计价方法

参考答案要点：

(1) 长城公司某库存商品计价及会计记录结果(永续盘存制下先

进先出法）

2005		摘要	收入			发出			结存		
月	日		数量	单价	金额	数量	单价	金额	数量	单价	金额
12	1	期初结存							100	8	800
	5	购入	100	9	900				200		1 700
	10	发出				50	8	400	150		1 300
	15	购入	350	11	3 850				500		5 150
	20	发出				400		4 050	100	11	1 100
	25	购进	50	12	600				150		1 700
12	31	本期合计及结存	500		5 350	450		4 450	150		1 700

发货成本 = 50 × 8 + （50 × 8 + 100 × 9 + 250 × 11） = 4 450（元）

月末存货 = （100 × 8 + 100 × 9 + 350 × 11 + 50 × 12） − 4 450

= 1 700（元）

长城公司某库存商品计价及会计记录结果（永续盘存制下后进先出法）

2005		摘要	收入			发出			结存		
月	日		数量	单价	金额	数量	单价	金额	数量	单价	金额
12	1	期初结存							100	8	800
	5	购入	100	9	900				200		1 700
	10	发出				50	9	450	150		1 250
	15	购入	350	11	3 850				500		5 100
	20	发出				400		4 300	100	8	800
	25	购进	50	12	600				150		1 400
12	31	本期合计及结存	500		5 350	450		4 750	150		1 400

发货成本 = 50 × 9 + （350 × 11 + 50 × 9） = 4 750（元）

月末存货 = （100 × 8 + 100 × 9 + 350 × 11 + 50 × 12） − 4 750

= 1 400（元）

长城公司某库存商品计价及会计记录结果（永续盘存制下加权平均法）

2005		摘要	收入			发出			结存		
月	日		数量	单价	金额	数量	单价	金额	数量	单价	金额
12	1	期初结存							100	8	800
	5	购入	100	9	900				200	8.5	1 700
	10	发出				50	8.5	425	150	8.5	1 275
	15	购入	350	11	3 850				500	10.25	5 125
	20	发出				400	10.25	4 100	100	10.25	1 025
	25	购进	50	12	600				150	10.83	1 625
12	31	本期合计及结存	500		5 350	450		4 525	150	10.83	1 625

发货成本 = 50 × 8.5 + 400 × 10.25 = 4 525（元）

月末存货 = 150 × 10.83 = 1 625（元）

(2) 在物价上涨时：

对于期末存货成本：采用先进先出法所计算出的期末存货成本最高，其次是加权平均法，后进先出法所计算出的期末存货成本最低。这一结果直接体现在资产负债表的“存货”项目中。

对于本期销售产品成本：采用先进先出法所计算出的本期销货成本最低，其次是加权平均法，后进先出法所计算出的本期销货成本最高。这一结果直接体现在利润表的“主营业务成本”项目中。

在物价下跌时，上述情况刚好相反。

(3) 定期盘存制下：

先进先出法：期末持有存货成本 = 50 × 12 + 100 × 11 = 1 700（元）

本期销售产品成本 = 6 150 − 1 700 = 4 450（元）

后进先出法：期末持有存货成本 = 100 × 8 + 50 × 9 = 1 250（元）

本期销售产品成本 = 6 150 − 1 250 = 4 900（元）

加权平均法：

加权平均法单价 = （100 × 8 + 100 × 9 + 350 × 11 + 50 × 12） ÷

（100+100+350+50）=6 150÷600=10.25

发货成本=450×10.25=4 612.5（元）

月末存货=6 125-4 612.5=1 537.5（元）

（三）目的：掌握固定资产折旧计算方法

参考答案要点：

(1) 通用设备2007年11月累计折旧额
=5 000-4 000=1 000（元）

月折旧率：6%÷12=0.5%

固定资产原始价值=固定资产月折旧额÷月折旧率
=1 000÷0.5%=200 000（元）

2007年11月末的净值=固定资产原始价值-累计折旧
=200 000-5 000=195 000（元）

(2) 年数总和法：

单位：元

折旧计算表

年数	折旧基数	折旧率	年折旧额	累计折旧
1	30 000	5÷15	10 000	10 000
2	30 000	4÷15	8 000	18 000
3	30 000	3÷15	6 000	24 000
4	30 000	2÷15	4 000	28 000
5	30 000	1÷15	2 000	30 000

双倍余额递减法：该设备的年折旧率=40%

双倍余额递减法折旧计算表：

单位：元

年 数	折旧费用	累计折旧
1	（32 000-0）×40%=12 800	12 800
2	（32 000-12 800）×40%=7 680	20 480
3	（32 000-20 480）×40%=4 608	25 088

续表

年　数	折旧费用	累计折旧
4	（32 000 - 25 088 - 2 000）÷2 = 2 456	27 544
5	（32 000 - 25 088 - 2 000）÷2 = 2 456	30 000

说明：在我国，若采用双倍余额递减法计算折旧，一般均在固定资产预计使用期限的最后2年改用年限平均法。

（四）目的：掌握利润计量方法

参考答案要点：

各项交易对收入、费用的影响分析如下：

（1）无收入

（2）主营业务收入10万元；主营业务成本6万元

（3）主营业务收入28万元（1 000 × 280 = 280 000）；主营业务成本20万元（1 000 × 200 = 200 000）

（4）销售费用2万元

（5）财务费用2万元

（6）制造费用2万元，管理费用2万元

（7）管理费用0.2万元

（8）其他业务收入5万元；其他业务成本2万元

（9）营业税金及附加0.3万元

（10）营业外支出2万元

（11）营业外收入0.3万元

（12）应收账款减少5万元，银行存款增加5万元

（13）预付费用增加3万元，银行存款减少3万元

（14）营业外支出2万元

（15）所得税1.584万元

营业利润 = 10（2）+ 28（3）+ 5（8）- 6（2）- 20（3）- 2（8）- 2（4）- 2（5）- 2（6）- 0.2（7）- 0.3（9）= 8.5（万元）

利润总额 = 8.5 + 0.3（11）- 2（10）- 2（14）= 4.8（万元）

所得税 = 4.8 × 33% = 1.584（万元）

净利润 = 利润总额 - 所得税 = 4.8 - 1.584 = 3.216（万元）

（五）目的：掌握利润计量方法

参考答案要点：

Δ资产 = Δ负债 + Δ所有者权益

Δ资产 = 2 500 - 2 400 = 100（万元）

Δ负债 = 1 200 - 1 500 = -300（万元）

Δ所有者权益 = 400 万元

所有者权益的增加由净利润和投资者追加的投资构成，即：

Δ所有者权益 = 追加的投资 + 净收益

400 = 80 + 净收益

因此，净收益为 320 万元。

案例分析（P226）提示：

(1) 企业只有在下述两种情况下，可以变更会计政策：

第一，法律或会计准则等行政法规、规章要求变更。

第二，变更会计政策以后，能够使所提供的企业财务状况、经营成果和现金流量信息更可靠，更为相关。

企业没有交待相关背景，随意变更折旧计算方法的做法是错误的。

(2) 2006 年折旧：

$$\frac{1\,200\,000-12\,000}{8\times 12}\times 11=136\,125\text{（元）}$$

2007 年折旧：（1 200 000 - 12 000）/8 = 148 500（元）

2008 年按年数总和法计提的折旧为：

（1 200 000 - 136 125 - 148 500 - 12 000）×6 ÷（6 + 5 + 4 + 3 + 2 + 1）≈258 107（元）

计入主营业务成本里的折旧：258 107 × 0.9≈232 296（元）

按直线法应计入主营业务成本里的折旧为：

148 500 × 0.9 = 133 650（元）

则多计入主营业务成本里的折旧为：

232 296 - 133 650 = 98 646（元）

考虑企业所得税则还应补交的所得税（增加所得税费用）98 646 ×33%≈32 553（元）

2008 年度实际净利润 = 860 000 + 98 646 − 32 553 = 926 093（元）

第六章习题与案例解答

（一）目的：掌握记账凭证的填制方法

参考答案要点：

（1）2007 年 12 月 18 日：

付　款　凭　证

贷方科目：库存现金　　2007 年 12 月 18 日　　付字第　号

摘　要	借方科目		金　额										记账符号	
	总账科目	明细账科目	千	百	十	万	千	百	十	元	角	分		附件
差旅费预支	其他应收款	副总赵爽					3	0	0	0	0	0		
														张
合　计						¥	3	0	0	0	0	0		

会计主管：A　记账：B　出纳：C　审核：D　制单：xy

（2）2007 年 12 月 19 日：

付　款　凭　证

贷方科目：银行存款　　2007 年 12 月 19 日　　付字第　号

摘　要	借方科目		金　额										记账符号	
	总账科目	明细账科目	千	百	十	万	千	百	十	元	角	分		附件
提现	现金						8	0	0	0	0	0		
														张
合　计						¥	8	0	0	0	0	0		

会计主管：A　记账：B　出纳：C　审核：D　制单：xy

(3) 2007年12月21日：

收 账 凭 证

借方科目：库存现金　　2007年12月21日　　收字第　号

摘要	贷方科目		金额										记账符号
	总账科目	明细账科目	千	百	十	万	千	百	十	元	角	分	
差旅费退回	其他应收款	副总赵爽						7	5	0	0	0	
合计							¥	7	5	0	0	0	

附件　张

会计主管：A　　记账：B　　出纳：　　审核：D　　制单：xy

转 账 凭 证

2007年12月21日　　转字第　号

摘要	总账科目	明细账科目	借方金额										贷方金额									
			千	百	十	万	千	百	十	元	角	分	千	百	十	万	千	百	十	元	角	分
	管理费用	差旅费					2	2	5	0	0	0										
	其他应收款	副总赵爽															2	2	5	0	0	0
合计						¥	2	2	5	0	0	0				¥	2	2	5	0	0	0

附件　张

会计主管：A　　记账：B　　出纳：　　审核：D　　制单：xy

付 款 凭 证

贷方科目：库存现金　　2007年12月21日　　付字第　号

摘要	借方科目		金额										记账符号
	总账科目	明细账科目	千	百	十	万	千	百	十	元	角	分	
	银行存款						1	5	0	0	0	0	
合计						¥	1	5	0	0	0	0	

附件　张

会计主管：A　　记账：B　　出纳：C　　审核：D　　制单：xy

(二) 目的：熟悉会计记录的基本程序

参考答案要点：

首先，张明同学注意到了会计处理应当考虑成本与精力，即成本效益原则，这个出发点是对的。但我们在考虑这个原则时也要注意一些基本的、必不可少的会计处理程序是不能省略的。

其次，在本题中出于节约成本和精力，不编制会计分录，而直接登账的做法是欠妥的。编制会计分录，对经济交易与事项进行确认和计量，编制记账凭证是会计处理的基本程序，是必不可少的。

（三）目的：熟悉原始凭证的审核方法

参考答案要点：

本题在报销旅费时应该注意以下几个方面的问题：

（1）餐费标准每天 50 元是限定的，即 9 天为 9×50＝450（元）。

（2）交通费只能对武汉至海南之间直接往返的部分进行报销。

（3）报销凭证要注意其签章的有效性。

（4）旅游景点和游乐场所注意区分。

考虑以上一些因素后，作出如下解答：

交通费：750×2＝1 500（元）餐饮费：9×50＝450（元）旅游景点门票：20 元

合计：1 500＋450＋20＝1 970（元）

（四）目的：掌握筹资与投资交易的会计分录

参考答案要点：

（1）借：银行存款　　3 000 000
　　　贷：短期借款——市工行　　3 000 000

（2）借：固定资产　　600 000
　　　贷：实收资本——云天　　600 000

（3）借：银行存款　　8 000 000
　　　贷：应付债券　　8 000 000

（4）借：交易性金融资产　　879 000
　　　贷：银行存款　　879 000

（5）借：长期股权投资——利民　　1 200 000
　　　贷：固定资产　　1 200 000

(6) 借：银行存款 298 450
　　贷：交易性金融资产 219 750
　　　　投资收益 78 700
(7) 借：财务费用 1 200
　　贷：银行存款 1 200

(五) 目的：掌握购货交易的会计分录

参考答案要点：

(1) 借：固定资产 46 000
　　贷：应付账款 46 000
(2) 借：材料采购——A 5 000
　　　　　　　——B 16 000
　　贷：银行存款 21 000
(3) 借：材料采购——A (900 ÷ 3 000 × 1 000) 300
　　　　　　　——B (900 ÷ 3 000 × 2 000) 600
　　贷：库存现金 900
(4) 无
(5) 借：原材料——A 5 300
　　　　　　——B 16 600
　　贷：材料采购——A 5 300
　　　　　　　　——B 16 600

(六) 目的：掌握生产交易的会计处理

参考答案要点：

(1) 借：制造费用 200
　　贷：库存现金 200

(2) 领用 C 材料 1 000 公斤计价：1 000 × 8 = 8 000（元）；领用 D 材料 2 000 公斤计价：2 000 × 9 = 18 000（元）

借：生产成本——甲 8 000
　　　　　　——乙 18 000
　贷：原材料——C 8 000

——D 18 000

(3) 借：应付职工薪酬 70 000
贷：银行存款 70 000

(4) 借：制造费用 98 000
管理费用 22 000
贷：银行存款 120 000

(5) 借：生产成本——甲 36 000
——乙 30 000
制造费用 5 000
管理费用 10 000
贷：应付职工薪酬 81 000

(6) 借：生产成本——甲 5 040
——乙 4 200
制造费用 700
管理费用 1 400
贷：应付职工薪酬 11 340

(7) 借：制造费用 24 000
管理费用 8 000
贷：累计折旧 32 000

(8) 制造费用总额 = 200 + 98 000 + 5 000 + 700 + 24 000
= 127 900（元）

制造费用分配率 = 127 900/（8 000 + 18 000）= 4.92

借：生产成本——甲 39 360
——乙 88 540
贷：制造费用 127 900

(9) 借：库存商品——甲 88 400
——乙 140 740
贷：生产成本——甲 88 400
——乙 140 740

（七）目的：掌握销售交易及其他交易的会计处理

参考答案要点：

（1）借：银行存款 8 000

应收账款 4 000

贷：主营业务收入 12 000

（2）借：库存现金 1 000

贷：其他业务收入 1 000

借：其他业务成本 680

贷：库存现金 680

（3）借：预收账款 24 000

贷：主营业务收入 24 000

（4）借：营业费用 50 000

贷：银行存款 50 000

（5）借：营业外支出 10 000

贷：银行存款 10 000

（6）借：主营业务成本 25 800

贷：库存商品 25 800

（八）目的：掌握利润与利润分配事项的会计处理

参考答案要点：

（1）计算本月税前利润总额

=3 245 000 - 2 405 980 - 320 600 - 120 000 - 401 908 - 43 078 + 6 790 - 5 739 + 130 650 - 87 900 - 65 910 = - 68 675（元）

结转净利润 = - 68 675 + 4 327 890 = 4 259 215（元）

提取法定盈余公积 = 4 259 215 × 10% = 425 921.5（元）

提取公益金 = 4 259 215 × 5% = 212 960.75（元）

（2）借：主营业务收入 3 245 000

其他业务收入 6 790

营业外收入 130 650

贷：本年利润 3 382 440

借：本年利润 3 451 115
　　贷：主营业务成本 2 405 980
　　　　营业税金及附加 320 600
　　　　其他业务成本 5 739
　　　　销售费用 120 000
　　　　管理费用 401 908
　　　　财务费用 43 078
　　　　营业外支出 87 900
　　　　投资收益 65 910
借：利润分配——提取盈余公积 638 882.25
　　贷：盈余公积 638 882.25
借：利润分配——未分配利润 638 882.25
　　贷：利润分配——提取盈余公积 638 882.25
借：本年利润 3 620 332.75
　　贷：利润分配——未分配利润 3 620 332.75

案例分析（一）（P271）提示：

分录更正及分录错误之处说明如下：

（1）错误在于借贷方向倒置。应更正为：

借：原材料
　　贷：材料采购

（2）错误在于混淆“固定资产”与“累计折旧”账户。应更正为：

借：制造费用、管理费用等
　　贷：累计折旧

（3）错误在于混淆了完工入库产品成本的结转与制造费用的结转之间的差异。应更正为：

借：库存商品
　　贷：生产成本

（4）错误在于混淆生产成本与库存商品账户的区别，前者是用来核算生产过程的账户，后者才是核算商品销售的账户。应更正为：

借：主营业务成本

　　贷：库存商品

(5) 错误在于借贷方向倒置。应更正为：

借：主营业务收入

　　贷：本年利润

(6) 错误在于结转费用意义理解不对，结转指将已发生费用计入利润账户，而这里误将其理解成计提费用。应更正为：

借：本年利润

　　贷：所得税费用

(7) 错误在于混淆材料采购账户和原材料账户，前者是用来核算材料购入至入库的，不能在材料领用、出售等情况下使用。应更正为：

借：其他业务成本

　　贷：原材料

(8) 错误在于结转意思理解不正确。应更正为：

借：生产成本

　　贷：制造费用

(9) 错误在于借贷方向倒置。应更正为：

借：本年利润

　　贷：利润分配

(10) 错误在于业务理解错误，没收之前押金已计入其他应付账户。应更正为：

借：其他应付款

　　贷：营业外收入

案例分析（二）(P272) 提示：

首先，导致管理费用增加，这将可能使得报表信息中显示公司的管理成本很高，管理效率较低。同时也有可能导致管理费用在所得税税前抵扣，从而使公司净利润增加。其次，“在建工程”账面余额减少，导致固定资产的降低，并最终导致资产数减少。

第七章习题与案例解答

（一）目的：掌握会计账簿的登记方法

练习题答案要点：

(1)

①

收　款　凭　证

借方科目：银行存款　　2007 年 05 月 02 日　　收字第 01 号

摘　要	贷方科目		金　额										记账符号
	总账科目	明细账科目	千	百	十	万	千	百	十	元	角	分	
晓泽销售款	应收账款				1	2	0	0	0	0	0	0	
合　计				¥	1	2	0	0	0	0	0	0	

附件　张

会计主管：A　　记账：B　　出纳：C　　审核：D　　制单：xy

②

付　款　凭　证

贷方科目：银行存款　　2007 年 05 月 03 日　　付字第 01 号

摘　要	借方科目		金　额										记账符号
	总账科目	明细账科目	千	百	十	万	千	百	十	元	角	分	
	库存现金					9	0	0	0	0	0	0	
合　计					¥	9	0	0	0	0	0	0	

会计主管：A　　记账：B　　出纳：C　　审核：D　　制单：xy

付 款 凭 证

贷方科目：库存现金　　　　2007年05月03日　　　　付字第02号

摘要	借方科目		金额										记账符号	附件
	总账科目	明细账科目	千	百	十	万	千	百	十	元	角	分		
	应付工资					9	0	0	0	0	0	0		
														张
合　计					¥	9	0	0	0	0	0	0		

会计主管：A　　记账：B　　出纳：C　　审核：D　　制单：xy

③

转 账 凭 证

2007年05月06日　　　　转字第01号

摘要	总账科目	明细账科目		借方金额											贷方金额										附件
				千	百	十	万	千	百	十	元	角	分		千	百	十	万	千	百	十	元	角	分	
	生产成本	A产品					2	6	0	0	0	0	0												
	原材料	乙材料																2	6	0	0	0	0	0	张
合　计						¥	2	6	0	0	0	0	0				¥	2	6	0	0	0	0	0	

会计主管：A　　记账：B　　出纳：C　　审核：D　　制单：xy

(2)

总 分 类 账

会计科目：库存现金　　　　　　　　第01页

2007年		凭证		摘要	借方										贷方										借或贷	余额									
月	日	字	号		千	百	十	万	千	百	十	元	角	分	千	百	十	万	千	百	十	元	角	分		千	百	十	万	千	百	十	元	角	分
5	1			月初余额																					借					1	0	0	0	0	0
5	3	付	01	提现				9	0	0	0	0	0	0											借				9	1	0	0	0	0	0
5	3	付	02	支付工资														9	0	0	0	0	0	0	借					1	0	0	0	0	0

总 分 类 账

会计科目：银行存款 第03页

2007年		凭证		摘要	借方										贷方										借或贷	余额									
月	日	字	号		千	百	十	万	千	百	十	元	角	分	千	百	十	万	千	百	十	元	角	分		千	百	十	万	千	百	十	元	角	分
5	1			月初余额																					借				7	8	0	0	0	0	0
5	2	收	01	收回货款			1	2	0	0	0	0	0	0											借			1	9	8	0	0	0	0	0
5	3	付	01	提现														9	0	0	0	0	0	0	借			1	0	8	0	0	0	0	0

总 分 类 账

会计科目：应收账款 第05页

2007年		凭证		摘要	借方										贷方										借或贷	余额									
月	日	字	号		千	百	十	万	千	百	十	元	角	分	千	百	十	万	千	百	十	元	角	分		千	百	十	万	千	百	十	元	角	分
5	1			月初余额																					借			1	8	0	0	0	0	0	0
5	3	收	01	晓泽公司													1	2	0	0	0	0	0	0	借				6	0	0	0	0	0	0

总 分 类 账

会计科目：应付工资 第07页

2007年		凭证		摘要	借方										贷方										借或贷	余额									
月	日	字	号		千	百	十	万	千	百	十	元	角	分	千	百	十	万	千	百	十	元	角	分		千	百	十	万	千	百	十	元	角	分
5	1			月初余额																					贷				9	0	0	0	0	0	0
5	3	付	01	支付上月工资				9	0	0	0	0	0	0																				0	0

总 分 类 账

会计科目：原材料　　　　　　　　　　　　　　　　　　第 09 页

2007年		凭证		摘要	借方										贷方										借或贷	余额									
月	日	字	号		千	百	十	万	千	百	十	元	角	分	千	百	十	万	千	百	十	元	角	分		千	百	十	万	千	百	十	元	角	分
5	1			月初余额																					借				5	0	0	0	0	0	0
5	6	转	01	A产品用乙材料														2	6	0	0	0	0	0	借				2	4	0	0	0	0	0

明 细 分 类 账

总账科目：应收账款

明细科目：晓泽公司　　　　　　　　　　　　　　　　　第 11 页

2007年		凭证		摘要	借方										贷方										借或贷	余额									
月	日	字	号		千	百	十	万	千	百	十	元	角	分	千	百	十	万	千	百	十	元	角	分		千	百	十	万	千	百	十	元	角	分
5	1			月初余额																					借			1	6	0	0	0	0	0	0
5	2	收	02	收到货款													1	2	0	0	0	0	0	0	借				4	0	0	0	0	0	0

明 细 分 类 账

总账科目：原材料　　　　　　　　　　　　　　　　　　计量单位：

明细科目：乙材料

2007年		凭证		摘要	收入													发出													结存												
					数量	单价					金额							数量	单价					金额							数量	单价					金额						
月	日	字	号			百	十	元	角	分	万	千	百	十	元	角	分		百	十	元	角	分	万	千	百	十	元	角	分		百	十	元	角	分	万	千	百	十	元	角	分
5	1			月初余额																																	3	0	0	0	0	0	0
5	6	转	01	A产品领用																				2	6	0	0	0	0	0								4	0	0	0	0	0

现金日记账 第 页

2007年		凭证		摘要	借方										贷方										余额									
月	日	字	号		千	百	十	万	千	百	十	元	角	分	千	百	十	万	千	百	十	元	角	分	千	百	十	万	千	百	十	元	角	分
5	1			月初余额																									1	0	0	0	0	0
5	3	付	01	提现				9	0	0	0	0	0	0														9	1	0	0	0	0	0
5	3	付	02	支付工资														9	0	0	0	0	0	0					1	0	0	0	0	0

银行存款日记账

2007年		凭证		摘要	结算凭证		借方									贷方									余额								
月	日	字	号		种类	号码	百	十	万	千	百	十	元	角	分	百	十	万	千	百	十	元	角	分	百	十	万	千	百	十	元	角	分
5	1			月初余额																							7	8	0	0	0	0	0
5	2	收	01	收回货款				1	2	0	0	0	0	0	0											1	9	8	0	0	0	0	0
5	3	付	01	提现														9	0	0	0	0	0	0		1	0	8	0	0	0	0	0

（二）目的：掌握期末账项调整的方法

练习题答案要点：

（1）借：管理费用 100

贷：待摊费用（或预付账款、预付费用） 100

（2）借：制造费用等 （假定按直接法计提）500

贷：累计折旧 500

（3）借：财务费用 1 000

贷：应付利息 1 000

（4）借：预收账款 20 000

贷：其他业务收入 20 000

（三）目的：掌握期末账项调整的方法

两位会计师的观点都有道理。会计师李鸣的观点着眼于过去，认为维护费用是前期使用机器的结果，应由前期的3个月承担。会计师张鸣的观点则面向未来，认为维修费用的发生会使未来受益。所以，企业会计部门采用上述两种处理方法的任何一种都可以，但要注意保持前后会计期间会计处理方法的一致性。

（四）目的：掌握错账更正方法

练习题答案要点：

（1）销售费用是为销售产品而发生的，而根据目前会计准则的规定，企业生产车间发生的固定资产修理费用等后续支出，计入“管理费用”。

更正方法：用红字填写一张与错误凭证一样（借贷方向、科目、金额等）的凭证，并据以红字登记入账。然后填写一张正确的凭证（根据下面分所示录），并据以登账。

借：管理费用　　600

　　贷：库存现金　　600

（2）数字抄写错误。

更正方法：用红线划销账簿上的错误记录，但必须保证原由字迹清晰可辨认，然后再在划线上方用蓝字填写正确的数字，最后必须由更正人员在更正处盖章。

（3）金额少记。

更正方法：用“补充登记法”。将少记部分金额18 000用蓝字填写与原凭证除金额以外其余部分相同的凭证，并且据以蓝字登账。

（4）金额多记。

更正方法：用“红字更正法”。按多记部分金额135 000填写与原凭证除金额以外其余部分相同的凭证，并且据以红字登账。

案例分析（P301）提示：

（1）现金和银行存款的分类账由会计人员编制，以作为编制财务报表的依据。而现金和银行存款日记账是由负责货币资金收付的出纳人员登记，以便于其在收付货币资金的同时，能够从日记账中随时掌握货币资金的收、发、存情况，以加强对货币资金的管理。

(2) 现金日记账和银行存款日记账由出纳人员登记，而现金分类账和银行存款分类账则由会计人员登记，通过定期将两类由不同人员登记的账簿进行核对，以达到相互牵制的作用。因此，不会违反“不相容职务分离”的原则。

(3) 大型企业业务往来较频繁，采用定期汇总登记可以降低会计处理成本，也体现了重要性原则与成本效益原则。

(4) 试算平衡表在一某会计期间的期末根据各总分类账余额或发生额编制的，用来验证账户记录有无错误的计算表。通过试算平衡可以对明细账的期末余额与本期发生额总额进行检验，但不能对明细账的每笔业务进行对比检验。

(5) 会计记录的期末账项调整，是在会计分期假设下，为了遵循权责发生制原则以计算各期的收入和费用，对跨期项目（包括递延项目和应计项目）进行的调整。

第八章习题与案例解答

（一）目的：掌握资产负债表的基本原理与编制方法

(1) 下列项目不应该列示在资产负债表中：

销售费用、管理费用、销售收入、所得税、库存现金、办公用品、建筑物、设备。前四项应在利润表中列示，后四项属于资产负债表的列示内容，且列示名称不规范。

(2)

资 产 负 债 表

编制单位：红旗服装加工厂　　2007年12月31日　　单位：元

资　　产	金　　额	负债及所有者权益	金　　额
货币资金	3 000	负债：	
应收账款	3 000	应付票据	16 000
存货	1 000	应付账款	9 000
固定资产	54 000	所有者权益：	
		实收资本	36 000
资产总计	61 000	负债及所有者权益合计	61 000

(二) 目的：掌握资产负债表和利润表的编制方法

(1)

资 产 负 债 表

编制单位：天天留学咨询服务中心　2007年1月31日　　单位：元

资　　产	金　　额	负债及所有者权益	金　　额
货币资金	129 000	负债：	
存货	50 000	短期借款	80 000
固定资产	212 000	应付账款	12 000
		应交税费	1 750
		所有者权益：	
		实收资本	270 000
		未分配利润	27 250
资产总计	391 000	负债及所有者权益合计	391 000

(2)

利　　润　　表

编制单位：天天留学咨询服务中心　2007年1月31日　　单位：元

项　　目	本月数
一、营业收入	35 000
减：营业成本	5 000

续表

项　　目	本月数
营业税金及附加	1 750
管理费用	1 000
二、营业利润	27 250
三、利润总额	27 250

（注：营业税税率为 5%）

（三）目的：学习财务报表分析的基本分析方法

（1）从企业偿债能力分析，其资产负债率为 1 200/3 000 = 40%，较适中，有利于获取财务杠杆收益；其流动比率为 1.2，速动比率为 0.8，均偏低，且 1 000 万元的流动负债远超过 200 万元的长期负债，表明企业负债的结构失衡，面临较大的财务风险。

（2）从企业的获利能力分析，其销售净利率为 19.8%，接近行业平均水平 20%，其净资产收益率为 11%，表明企业现阶段的经营业绩和获利能力处于中等水平，仍有很大的发掘潜力。

（3）从企业的资金运营能力分析，其存货周转率为 1.59（次），反映出企业的存货占用水平很高，大量资金积压在存货上，流动性很低，且总资产周转率只有 0.345（次），这都说明了企业的资金运营能力较弱，资金的利用效率低下。

通过以上分析，可知该企业的管理水平较低，财务状况和经营业绩都不尽理想，仍有很大的改进空间。

案例分析（P335）提示：

答：资产负债表、利润表和现金流量表共同构成企业对外披露其基本信息的财务报告的主体内容，是利益相关者了解企业的财务状况、经营成果和现金流量的主要载体。缺少对其中任何一部分的了解都会对利益相关者产生极大的影响，甚至导致利益相关者的决策失误。

通过对利润表分析，可以获知企业经营业绩的好坏，收入及费用的构成及企业的获利能力的强弱；而现金流量表可以体现出企业的现金存量和流量，现金的流入流出结构，并反映出企业的收益的质量高低。

无论是国有企业还是民营企业，都不仅要增强其盈利能力，还要关注企业资产的变现能力和流动性，提高收益质量，防范财务风险。因此，财务报表体系中的利润表和现金流量表，以及资产负债表，都有其各自的阐述内容，反映出企业不同方面的重要信息，不同的信息使用者的关注侧重点会存在差异，但并不存在谁比谁更重要的问题。

第九章习题与案例解答

目的：掌握会计循环过程与方法

练习题答案要点：

1. 根据所给资料，列示该公司编制的收款凭证、付款凭证和转账凭证如下：

付 款 凭 证

贷方科目：银行存款　　2007 年 12 月 1 日　　付字第 1 号

摘 要	借方科目		记账符号	金 额	
	总账科目	明细账科目			附件2张
职工报销医药费	应付职工薪酬		√	3 000	
合 计				¥3 000	

会计主管：刘钡　记账：赵子农　出纳：张菲　审核：周毓　制证：关云常

付 款 凭 证

贷方科目：银行存款　　2007 年 12 月 2 日　　付字第 2 号

摘 要	借方科目		记账符号	金 额	
	总账科目	明细账科目			附件2张
支付春华公司货款	应付账款	春华公司	√	150 000	
合 计				¥150 000	

会计主管：刘钡　记账：赵子农　出纳：张菲　审核：周毓　制证：关云常

付　款　凭　证

贷方科目：银行存款　　　　2007年12月2日　　　　付字第3号

摘　要	借方科目		记账符号	金　额
	总账科目	明细账科目		
从银行提取现金	库存现金		√	1 000 000
合　计				¥1 000 000

附件1张

会计主管：刘钡　记账：赵子农　出纳：张菲　审核：周毓　制证：关云常

付　款　凭　证

贷方科目：库存现金　　　　2007年12月3日　　　　付字第4号

摘　要	借方科目		记账符号	金　额
	总账科目	明细账科目		
发放应付职工工资	应付职工薪酬		√	1 000 000
合　计				¥1 000 000

附件3张

会计主管：刘钡　记账：赵子农　出纳：张菲　审核：周毓　制证：关云常

转　账　凭　证

2007年12月4日　　　　转字第1号

摘　要	总账科目	明细账科目	√	借方金额	贷方金额
投资者追加投资	固定资产		√	2 800 000	
和以专利权进行	无形资产		√	200 000	
投资	实收资本		√		2 700 000
	资本公积		√		300 000
合　计				¥ 3 000 000	¥ 3 000 000

附件5张

会计主管：刘钡　　　记账：赵子农　　　审核：周毓　　　制证：关云常

付 款 凭 证

贷方科目：库存现金　　2007年12月4日　　付字第5号

摘　要	借方科目		记账符号	金　额	
	总账科目	明细账科目			附件2张
支付预借旅费	其他应收款	李胜	√	600	
合　计				¥600	

会计主管：刘钡　记账：赵子农　出纳：张菲　审核：周毓　制证：关云常

付 款 凭 证

贷方科目：银行存款　　2007年12月4日　　付字第6号

摘　要	借方科目		记账符号	金　额	
	总账科目	明细账科目			附件4张
购入原材料	原材料	甲材料	√	390 000	
	原材料	乙材料	√	76 000	
合　计				¥466 000	

会计主管：刘钡　记账：赵子农　出纳：张菲　审核：周毓　制证：关云常

转 账 凭 证

2007年12月5日　　转字第2号

摘　要	总账科目	明细账科目	√	借方金额	贷方金额	
生产产品领用	生产成本	A产品	√	956 000		附件4张
原材料	生产成本	B产品	√	238 000		
	原材料	甲材料	√		956 000	
	原材料	乙材料	√		238 000	
合　计				¥ 1 194 000	¥ 1 194 000	

会计主管：刘钡　　记账：赵子农　　审核：周毓　　制证：关云常

收款凭证

借方科目：银行存款　　2007年12月6日　　收字第1号

摘要	贷方科目		记账符号	金额
	总账科目	明细账科目		
收回货款	应收账款	澜湖公司	√	6 000 000
合计				¥6 000 000

附件2张

会计主管：刘钡　记账：赵子农　出纳：张菲　审核：周毓　制证：关云常

转账凭证

2007年12月8日　　转字第3号

摘要	总账科目	明细账科目	√	借方金额	贷方金额
购买汽车款项	固定资产		√	171 000	
尚未支付	应付账款	秋实公司	√		171 000
合计				¥171 000	¥171 000

附件3张

会计主管：刘钡　记账：赵子农　审核：周毓　制证：关云常

收款凭证

借方科目：库存现金　　2007年12月10日　　收字第2号

摘要	贷方科目		记账符号	金额
	总账科目	明细账科目		
收回预借差旅费	其他应收款		√	200
合计				¥200

附件2张

会计主管：刘钡　记账：赵子农　出纳：张菲　审核：周毓　制证：关云常

转账凭证

2007年12月10日　　转字第4号

摘要	总账科目	明细账科目	√	借方金额	贷方金额
报销差旅费	管理费用		√	400	
	其他应收款	李胜	√		400
合计				¥ 400	¥ 400

附件2张

会计主管：刘钡　记账：赵子农　审核：周毓　制证：关云常

收 款 凭 证

借方科目：银行存款 2007 年 12 月 12 日 收字第 3 号

摘 要	贷方科目		记账符号	金 额
	总账科目	明细账科目		
销售产品	主营业务收入		√	1 200 000
合 计				¥1 200 000

附件 2 张

会计主管：刘钡 记账：赵子农 出纳：张菲 审核：周毓 制证：关云常

付 款 凭 证

贷方科目：银行存款 2007 年 12 月 12 日 付字第 7 号

摘 要	借方科目		记账符号	金 额
	总账科目	明细账科目		
支付运杂费	销售费用		√	10 000
合 计				¥10 000

附件 2 张

会计主管：刘钡 记账：赵子农 出纳：张菲 审核：周毓 制证：关云常

转 账 凭 证

2007 年 12 月 15 日 转字第 5 号

摘 要	总账科目	明细账科目	√	借方金额	贷方金额
销售甲材料	应收账款	星光公司	√	90 000	
	其他业务收入		√		90 000
合 计				¥ 90 000	¥ 90 000

附件 3 张

会计主管：刘钡 记账：赵子农 审核：周毓 制证：关云常

转 账 凭 证

2007 年 12 月 15 日 转字第 6 号

摘 要	总账科目	明细账科目	√	借方金额	贷方金额
销售甲材料	其他业务成本		√	78 000	
	原材料	甲材料	√		78 000
合 计				¥ 78 000	¥ 78 000

附件 3 张

会计主管：刘钡 记账：赵子农 审核：周毓 制证：关云常

付 款 凭 证

贷方科目：银行存款　　2007 年 12 月 18 日　　付字第 8 号

摘　　要	借方科目		记账符号	金　　额
	总账科目	明细账科目		
购买设备	固定资产		√	329 000
合　　计				¥329 000

附件 2 张

会计主管：刘钡　记账：赵子农　出纳：张菲　审核：周毓　制证：关云常

付 款 凭 证

贷方科目：银行存款　　2007 年 12 月 20 日　　付字第 9 号

摘　　要	借方科目		记账符号	金　　额
	总账科目	明细账科目		
交纳罚款	营业外支出		√	5 000
合　　计				¥5 000

附件 2 张

会计主管：刘钡　记账：赵子农　出纳：张菲　审核：周毓　制证：关云常

转 账 凭 证

2007 年 12 月 28 日　　转字第 7 号

摘　　要	总账科目	明细账科目	√	借方金额	贷方金额
处理盘盈资产	固定资产		√	20 000	
	营业外收入		√		20 000
合　　计				¥ 20 000	¥ 20 000

附件 2 张

会计主管：刘钡　记账：赵子农　审核：周毓　制证：关云常

转 账 凭 证

2007 年 12 月 31 日　　转字第 8 号

摘　　要	总账科目	明细账科目	√	借方金额	贷方金额
摊销房租	管理费用		√	15 000	
	预付费用或待摊费用		√		15 000
合　　计				¥ 15 000	¥ 15 000

附件　张

会计主管：刘钡　记账：赵子农　审核：周毓　制证：关云常

转 账 凭 证

2007 年 12 月 31 日　　　　转字第 9 号

摘　　要	总账科目	明细账科目	√	借方金额	贷方金额
预提本月利息	财务费用		√	1 000	
	应付利息或预提费用		√		1 000
合　　计				¥ 1 000	¥ 1 000

附件　张

会计主管：刘钡　　记账：赵子农　　审核：周毓　　制证：关云常

收 款 凭 证

借方科目：银行存款　　2007 年 12 月 31 日　　收字第 4 号

摘　　要	贷方科目		记账符号	金　　额
	总账科目	明细账科目		
收到投资收益	投资收益		√	160 000
合　　计				¥160 000

附件 2 张

会计主管：刘钡　记账：赵子农　出纳：张菲　审核：周毓　制证：关云常

转 账 凭 证

2007 年 12 月 31 日　　　　转字第 10 号

摘　　要	总账科目	明细账科目	√	借方金额	贷方金额
结转本月工资	生产成本	A 产品	√	120 000	
	生产成本	B 产品	√	80 000	
	制造费用		√	10 000	
	管理费用		√	90 000	
	应付职工薪酬		√		300 000
合　　计				¥300 000	¥300 000

附件 1 张

会计主管：刘钡　　记账：赵子农　　审核：周毓　　制证：关云常

转　账　凭　证

2007年12月31日　　转字第11号

摘　要	总账科目	明细账科目	√	借方金额	贷方金额
计提职工福利费	生产成本	A产品	√	16 800	
	生产成本	B产品	√	11 200	
	制造费用		√	1 400	
	管理费用		√	12 600	
	应付职工薪酬		√		42 000
合　计				¥42 000	¥42 000

附件1张

会计主管：刘钡　记账：赵子农　审核：周毓　制证：关云常

转　账　凭　证

2007年12月31日　　转字第12号

摘　要	总账科目	明细账科目	√	借方金额	贷方金额
计提折旧	制造费用		√	80 000	
	管理费用		√	20 000	
	累计折旧		√		100 000
合　计				¥100 000	¥100 000

附件1张

会计主管：刘钡　记账：赵子农　审核：周毓　制证：关云常

转　账　凭　证

2007年12月31日　　转字第13号

摘　要	总账科目	明细账科目	√	借方金额	贷方金额
汇集与分配	生产成本	A产品	√	54 840	
制造费用	生产成本	B产品	√	36 560	
	制造费用		√		91 400
合　计				¥91 400	¥91 400

附件1张

会计主管：刘钡　记账：赵子农　审核：周毓　制证：关云常

转 账 凭 证

2007年12月31日　　　　转字第14号

摘　　要	总账科目	明细账科目	√	借方金额	贷方金额
计算并结转完工	库存商品	A产品	√	1 147 640	
生产成本	库存商品	B产品	√	365 760	
	生产成本	A产品	√		1 147 640
	生产成本	B产品	√		365 760
合　　计				¥1 513 400	¥1 513 400

附件2张

会计主管：刘钡　　记账：赵子农　　审核：周毓　　制证：关云常

转 账 凭 证

2007年12月31日　　　　转字第15号

摘　　要	总账科目	明细账科目	√	借方金额	贷方金额
计提营业税	营业税金及附加		√	60 000	
	应交税费		√		60 000
合　　计				¥60 000	¥60 000

附件1张

会计主管：刘钡　　记账：赵子农　　审核：周毓　　制证：关云常

转 账 凭 证

2007年12月31日　　　　转字第16号

摘　　要	总账科目	明细账科目	√	借方金额	贷方金额
结转本月已售	主营业务成本		√	680 000	
产品生产成本	库存商品	A产品	√		500 000
	库存商品	B产品	√		180 000
合　　计				¥680 000	¥680 000

附件1张

会计主管：刘钡　　记账：赵子农　　审核：周毓　　制证：关云常

转 账 凭 证

2007 年 12 月 31 日 转字第 17 号

摘 要	总账科目	明细账科目	√	借方金额	贷方金额
结转各种收入	主营业务收入		√	1 200 000	
	其他业务收入		√	90 000	
	营业外收入		√	20 000	
	投资收益		√	160 000	
	本年利润		√		1 470 000
合 计				¥1 470 000	¥1 470 000

附件 张

会计主管：刘钡 记账：赵子农 审核：周毓 制证：关云常

转 账 凭 证

2007 年 12 月 31 日 转字第 18 号

摘 要	总账科目	明细账科目	√	借方金额	贷方金额
结转各种费用、	本年利润		√	972 000	
成本、支出	管理费用		√		138 000
	销售费用		√		10 000
	财务费用		√		1 000
	主营业务成本		√		680 000
	营业税金及附加		√		60 000
	其他业务成本		√		78 000
	营业外支出		√		5 000
合 计				¥972 000	¥972 000

附件 张

会计主管：刘钡 记账：赵子农 审核：周毓 制证：关云常

转 账 凭 证

2007年12月31日 转字第19号

摘要	总账科目	明细账科目	√	借方金额	贷方金额
计算本月	所得税费用		√	164 340	
所得税	应交税费		√		164 340
合计				¥164 340	¥164 340

附件1张

会计主管：刘钡 记账：赵子农 审核：周毓 制证：关云常

转 账 凭 证

2007年12月31日 转字第20号

摘要	总账科目	明细账科目	√	借方金额	贷方金额
结转所得税	本年利润		√	164 340	
	所得税费用		√		164 340
合计				¥164 340	¥164 340

附件 张

会计主管：刘钡 记账：赵子农 审核：周毓 制证：关云常

转 账 凭 证

2007年12月31日 转字第21号

摘要	总账科目	明细账科目	√	借方金额	贷方金额
提取盈余公积	利润分配	提取盈余公积	√	170 049	
	盈余公积		√		170 049
合计				¥170 049	¥170 049

附件1张

会计主管：刘钡 记账：赵子农 审核：周毓 制证：关云常

转 账 凭 证

2007年12月31日 转字第22号

摘要	总账科目	明细账科目	√	借方金额	贷方金额
向投资者分红	利润分配	应付普通股股利	√	50 000	
	应付股利		√		50 000
合计				¥50 000	¥50 000

附件1张

会计主管：刘钡 记账：赵子农 审核：周毓 制证：关云常

转　账　凭　证

2007 年 12 月 31 日　　　　转字第 23 号

摘　　要	总账科目	明细账科目	√	借方金额	贷方金额	
结转本年利润	本年利润		√	1 133 660		附件
	利润分配	未分配利润	√		1 133 660	
合　　计				¥1 133 660	¥1 133 660	张

会计主管：刘钡　　记账：赵子农　　审核：周毓　　制证：关云常

转　账　凭　证

2007 年 12 月 31 日　　　　转字第 24 号

摘　　要	总账科目	明细账科目	√	借方金额	贷方金额	
将利润分配其他	利润分配	未分配利润	√	220 049		
明细账户余额转入利润分配—未	利润分配	应付普通股股利	√		50 000	附件
分配利润	利润分配	提取盈余公积	√		170 049	张
合　　计				¥220 049	¥220 049	

会计主管：刘钡　　记账：赵子农　　审核：周毓　　制证：关云常

2. 列示该公司所登记的日记账、明细账和总账的结果如下：

(1) 总分类账

会计科目：库存现金

2007 年		凭证		摘　　要	借　　方	贷　　方	借或贷	余　　额
月	日	字	号					
12	1			月初余额			借	2 000
12	2	付	3	从银行提取现金	1 000 000		借	1 002 000
12	3	付	4	发放上月工资		1 000 000	借	2 000
12	4	付	5	支付预借差旅费		600	借	1 400
12	10	收	2	收回预借差旅费	200		借	1 600
12	31			月末结账	1 000 200	1 000 600	借	1 600

会计科目：银行存款

2007年		凭证		摘要	借方	贷方	借或贷	余额
月	日	字	号					
12	1			月初余额			借	5 000 000
12	1	付	1	职工报销医药费		3 000	借	4 997 000
12	2	付	2	支付春华公司货款		150 000	借	4 847 000
12	2	付	3	从银行提取现金		1 000 000	借	3 847 000
12	4	付	6	购入原材料		466 000	借	3 381 000
12	6	收	1	收回澜湖公司货款	6 000 000		借	9 381 000
12	12	收	3	销售产品	1 200 000		借	10 581 000
12	12	付	7	支付运杂费		10 000	借	10 571 000
12	18	付	8	购买设备		329 000	借	10 242 000
12	20	付	9	交纳罚款		5 000	借	10 237 000
12	31	收	4	收到投资收益	160 000		借	10 397 000
12	31			月末结账	7 360 000	1 963 000	借	10 397 000

会计科目：应收账款

2007年		凭证		摘要	借方	贷方	借或贷	余额
月	日	字	号					
12	1			月初余额			借	7 000 000
12	6	收	1	收回货款		6 000 000	借	1 000 000
12	15	转	5	销售甲材料	90 000		借	1 090 000
12	31			月末结账	90 000	6 000 000	借	1 090 000

会计科目：其他应收款

2007年		凭证		摘要	借方	贷方	借或贷	余额
月	日	字	号					
12	1			月初余额			平	0
12	4	付	5	支付李胜预借差旅费	600		借	600
12	10	收	2	收回预借差旅费		200	借	400

续表

2007年		凭证		摘要	借方	贷方	借或贷	余额
月	日	字	号					
12	10	转	4	报销差旅费		400	平	0
12	31			月末结账	600	600	平	0

会计科目：原材料

2007年		凭证		摘要	借方	贷方	借或贷	余额
月	日	字	号					
12	1			月初余额			借	1 000 000
12	4	付	6	购入原材料	466 000		借	1 466 000
12	5	转	2	生产领用原材料		1 194 000	借	272 000
12	15	转	6	销售甲材料		78 000	借	194 000
12	31			月末结账	466 000	1 272 000	借	194 000

会计科目：库存商品

2007年		凭证		摘要	借方	贷方	借或贷	余额
月	日	字	号					
12	1			月初余额			借	900 000
12	31	转	14	计算并结转生产成本	1 513 400		借	2 413 400
12	31	转	16	结转已售产品成本		680 000	借	1 733 400
12	31			月末结账	1 513 400	680 000	借	1 733 400

会计科目：待摊费用

2007年		凭证		摘要	借方	贷方	借或贷	余额
月	日	字	号					
12	1			月初余额			借	15 000
12	31	转	8	摊销房租		15 000	平	0
12	31			月末结账	0	15 000	平	0

会计科目：长期股权投资

2007年		凭证		摘要	借方	贷方	借或贷	余额
月	日	字	号					
12	1			月初余额			借	8 000 000
12	31			月末结账	0	0	借	8 000 000

会计科目：固定资产

2007年		凭证		摘要	借方	贷方	借或贷	余额
月	日	字	号					
12	1			月初余额			借	24 000 000
12	4	转	1	追加投资设备	2 800 000		借	26 800 000
12	8	转	3	购买汽车	171 000		借	26 971 000
12	18	付	8	购买设备	329 000		借	27 300 000
12	28	转	7	盘盈资产	20 000		借	27 320 000
12	31			月末结账	3 320 000	0	借	27 320 000

会计科目：累计折旧

2007年		凭证		摘要	借方	贷方	借或贷	余额
月	日	字	号					
12	1			月初余额			贷	4 700 000
12	31	转	12	计提折旧		100 000	贷	4 800 000
12	31			月末结账	0	100 000	贷	4 800 000

会计科目：无形资产

2007年		凭证		摘要	借方	贷方	借或贷	余额
月	日	字	号					
12	1			月初余额			平	0
12	4	转	1	以专利权投资	200 000		借	200 000
12	31			月末结账	200 000		借	200 000

会计科目：短期借款

2007年		凭证		摘　　要	借　　方	贷　　方	借或贷	余　　额
月	日	字	号					
12	1			月初余额			贷	60 000
12	31			月末余额			贷	60 000

会计科目：应付账款

2007年		凭证		摘　　要	借　　方	贷　　方	借或贷	余　　额
月	日	字	号					
12	1			月初余额			贷	200 000
12	2	付	2	支付春华公司货款	150 000		贷	50 000
12	8	转	3	购买汽车款项尚未支付		171 000	贷	221 000
12	31			月末结账	150 000	171 000	贷	221 000

会计科目：应付职工薪酬——工资

2007年		凭证		摘　　要	借　　方	贷　　方	借或贷	余　　额
月	日	字	号					
12	1			月初余额			贷	1 000 000
12	4	付	4	发放应付上月工资	1 000 000		平	0
12	31	转	10	结算本月工资		300 000	贷	300 000
12	31			月末结账	1 000 000	300 000	贷	300 000

会计科目：应付职工薪酬——福利费

2007年		凭证		摘　　要	借　　方	贷　　方	借或贷	余　　额
月	日	字	号					
12	1			月初余额			贷	140 000
12	1	付	1	职工报销医药费	3 000		贷	137 000
12	31	转	11	计提职工福利费		42 000	贷	179 000
12	31			月末结账	3 000	42 000	贷	179 000

会计科目：应付股利

2007年		凭证		摘要	借方	贷方	借或贷	余额
月	日	字	号					
12	1			月初余额			平	0
12	31	转	22	向投资者分红		50 000	贷	50 000
12	31			月末结账	0	50 000	贷	50 000

会计科目：应交税费

2007年		凭证		摘要	借方	贷方	借或贷	余额
月	日	字	号					
12	1			月初余额			贷	60 000
12	31	转	15	计算营业税		60 000	贷	120 000
12	31	转	19	计算所得税		164 340	贷	284 340
12	31			月末结账	0	224 340	贷	284 340

会计科目：预提费用

2007年		凭证		摘要	借方	贷方	借或贷	余额
月	日	字	号					
12	1			月初余额			贷	2 000
12	31	转	9	预提本月利息		1 000	贷	3 000
12	31			月末结账	0	1 000	贷	3 000

会计科目：实收资本

2007年		凭证		摘要	借方	贷方	借或贷	余额
月	日	字	号					
12	1			月初余额			贷	30 000 000
12	4	转	1	投资者投资		2 700 000	贷	32 700 000
12	31			月末结账	0	2 700 000	贷	32 700 000

会计科目：资本公积

2007年		凭证		摘要	借方	贷方	借或贷	余额
月	日	字	号					
12	1			月初余额			贷	755 000
12	4	转	1	投资者投资		300 000	贷	1 055 000
12	31			月末结账	0	300 000	贷	1 055 000

会计科目：盈余公积

2007年		凭证		摘要	借方	贷方	借或贷	余额
月	日	字	号					
12	1			月初余额			贷	7 200 000
12	31	转	21	提取盈余公积		170 049	贷	7 370 049
12	31			月末结账	0	170 049	贷	7 370 049

会计科目：本年利润

2007年		凭证		摘要	借方	贷方	借或贷	余额
月	日	字	号					
12	1			月初余额			贷	800 000
12	31	转	17	结转各种收入		1 470 000	贷	2 270 000
12	31	转	18	结转各种成本、费用、支出	972 000		贷	1 298 000
12	31	转	20	结转所得税	164 340		贷	1 133 660
12	31	转	23	结转本年利润	1 133 660		平	0
12	31			月末结账	2 270 000	1 470 000	平	0

会计科目：利润分配

2007年		凭证		摘要	借方	贷方	借或贷	余额
月	日	字	号					
12	1			月初余额			贷	1 000 000
12	31	转	21	提取盈余公积	170 049		贷	829 951
12	31	转	22	向投资者分红	50 000	1 133 660	贷	779 951

续表

2007年		凭证		摘要	借方	贷方	借或贷	余额
月	日	字	号					
12	31	转	23	结转本年利润			贷	1 913 611
12	31			月末结账	220 049	1 133 660	贷	1 913 611

会计科目：生产成本

2007年		凭证		摘要	借方	贷方	借或贷	余额
月	日	字	号					
12	5	转	2	生产领用材料	1 194 000		借	1 194 000
12	31	转	10	结转本月工资	200 000		借	1 394 000
12	31	转	11	计提福利费	28 000		借	1 422 000
12	31	转	13	汇集、分配制造费用	91 400		借	1 513 400
12	31	转	14	结转完工生产成本		1 513 400	平	0
12	31			月末结账	1 513 400	1 513 400	平	0

会计科目：制造费用

2007年		凭证		摘要	借方	贷方	借或贷	余额
月	日	字	号					
12	31	转	10	结转本月工资	10 000		借	10 000
12	31	转	11	计提福利费	1 400		借	11 400
12	31	转	12	计提折旧	80 000		借	91 400
12	31	转	13	汇集、分配制造费用		91 400	平	0
12	31			月末结账	91 400	91 400	平	0

会计科目：主营业务收入

2007年		凭证		摘要	借方	贷方	借或贷	余额
月	日	字	号					
12	12	收	3	销售产品		1 200 000	贷	1 200 000
12	31	转	17	结转各种收入	1 200 000		平	0
12	31			月末结账	1 200 000	1 200 000	平	0

会计科目：主营业务成本

2007年		凭证		摘要	借方	贷方	借或贷	余额
月	日	字	号					
12	31	转	16	结转已售产品成本	680 000		贷	680 000
12	31	转	18	结转各种费用、成本		680 000	平	0
12	31			月末结账	680 000	680 000	平	0

会计科目：其他业务收入

2007年		凭证		摘要	借方	贷方	借或贷	余额
月	日	字	号					
12	15	转	5	销售材料		90 000	贷	90 000
12	31	转	17	结转各种收入	90 000		平	0
12	31			月末结账	90 000	90 000	平	0

会计科目：其他业务成本

2007年		凭证		摘要	借方	贷方	借或贷	余额
月	日	字	号					
12	15	转	6	销售材料	78 000		借	78 000
12	31	转	18	结转各种费用、成本		78 000	平	0
12	31			月末结账	78 000	78 000	平	0

会计科目：营业税金及附加

2007年		凭证		摘要	借方	贷方	借或贷	余额
月	日	字	号					
12	31	转	15	计算营业税	60 000		借	60 000
12	31	转	18	结转成本、费用、支出		60 000	平	0
12	31			月末结账	60 000	60 000	平	0

会计科目：销售费用

2007年		凭证		摘要	借方	贷方	借或贷	余额
月	日	字	号					
12	12	付	7	支付运杂费	10 000		借	10 000
12	31	转	18	结转成本、费用、支出		10 000	平	0
12	31			月末结账	10 000	10 000	平	0

会计科目：管理费用

2007年		凭证		摘要	借方	贷方	借或贷	余额
月	日	字	号					
12	10	收	2	摊销差旅费	400		借	400
12	31	转	8	摊销房租	15 000		借	15 400
12	31	转	10	结算本月工资	90 000		借	105 400
12	31	转	11	计提福利费	12 600		借	118 000
12	31	转	12	计提折旧	20 000		借	138 000
12	31	转	18	结转成本、费用、支出		138 000	平	0
12	31			月末结账	138 000		平	0

会计科目：财务费用

2007年		凭证		摘要	借方	贷方	借或贷	余额
月	日	字	号					
12	31	转	9	预提本月利息	1 000		借	1 000
12	31	转	18	结转成本、费用、支出		1 000	平	0
12	31			月末结账	1 000	1 000	平	0

会计科目：营业外收入

2007年		凭证		摘　　要	借　　方	贷　　方	借或贷	余　　额
月	日	字	号					
							贷	
12	28	转	7	盘盈固定资产		20 000	贷	20 000
12	31	转	17	结转收入	20 000		平	0
12	31			月末结账	20 000	20 000	平	0

会计科目：营业外支出

2007年		凭证		摘　　要	借　　方	贷　　方	借或贷	余　　额
月	日	字	号					
12	20	付	9	交纳罚款	5 000		借	5 000
12	31	转	18	结转成本、费用、支出		5 000	平	0
12	31			月末结账	5 000	5 000	平	0

会计科目：投资收益

2007年		凭证		摘　　要	借　　方	贷　　方	借或贷	余　　额
月	日	字	号					
12	31	收	4	收到投资收益		160 000	贷	160 000
12	31	转	17	结转收入	160 000		平	0
12	31			月末结账	160 000	160 000	平	0

会计科目：所得税费用

2007年		凭证		摘　　要	借　　方	贷　　方	借或贷	余　　额
月	日	字	号					
12	31	转	19	计算所得税	163 340		借	163 340
12	31	转	20	结转所得税		163 340	平	0
12	31			月末结账	163 340	163 340	平	0

(2) 明细分类账

总账科目：应收账款
明细科目：澜湖公司

2007年		凭证		摘　要	借　方	贷　方	借或贷	余　额
月	日	字	号					
12	1			月初余额			借	6 000 000
12	6	收	1	收回货款		6 000 000	平	0
12	31			月末结账		6 000 000	平	0

总账科目：应收账款
明细科目：星光公司

2007年		凭证		摘　要	借　方	贷　方	借或贷	余　额
月	日	字	号					
12	1			月初余额			借	1 000 000
12	15	转	5	销售甲材料	90 000		借	1 090 000
12	31			月末结账	90 000		借	1 090 000

总账科目：应付账款
明细科目：春华公司

2007年		凭证		摘　要	借　方	贷　方	借或贷	余　额
月	日	字	号					
12	1			月初余额			贷	150 000
12	2	付	2	支付货款	150 000		平	0
12	31			月末结账	150 000		平	0

总账科目：应付账款
明细科目：秋实公司

2007年		凭证		摘　要	借　方	贷　方	借或贷	余　额
月	日	字	号					
12	1			月初余额			贷	50 000
12	8	转	3	购买汽车		171 000	贷	221 000
12	31			月末结账		171 000	贷	221 000

总账科目：原材料

明细科目：甲种材料 计量单位：公斤

2007年		凭证		摘要	收入			发出			结存		
月	日	字	号		数量	单价	金额	数量	单价	金额	数量	单价	金额
12	1			月初余额							1 000	800	800 000
12	4	付	6	购入	500	780	390 000				1 500		1 190 000
12	5	转	2	领用				1 200		956 000	300	780	234 000
12	15	转	6	销售				100	780	78 000	200	780	156 000
12	31			月末结账	500	780	390 000	1 300		1 034 000	200	780	156 000

总账科目：原材料

明细科目：乙种材料 计量单位：公斤

2007年		凭证		摘要	收入			发出			结存		
月	日	字	号		数量	单价	金额	数量	单价	金额	数量	单价	金额
12	1			月初余额							500	400	200 000
12	4	付	6	购入	200	380	76 000				700		276 000
12	5	转	2	领用				600		238 000	100	380	38 000
12	31			月末结账	200	380	76 000	600		238 000	100	380	38 000

总账科目：生产成本

明细科目：A产品 计量单位：公斤

2007年		凭证		摘要	借方				贷方	借或贷	余额
月	日	字	号		材料	人工	费用	合计			
12	5	转	2	领用材料	956 000					借	956 000
12	31	转	10	结转工资		120 000				借	1 076 000
12	31	转	11	计提福利费		16 800				借	1 092 800
12	31	转	13	分配制造费用			54 840	1 147 640		借	1 147 640
12	31	转	14	结转成本					1 147 640	平	0
12	31			月末结账	956 000	136 800	54 840	1 147 640	1 147 640	平	0

总账科目：生产成本

明细科目：B 产品　　　　计量单位：公斤

2007年		凭证		摘要	借方				贷方	借或贷	余额
月	日	字	号		材料	人工	费用	合计			
12	5	转	2	领用材料	238 000					借	238 000
12	31	转	10	结转工资		80 000				借	318 000
12	31	转	11	计提福利费		11 200				借	329 200
12	31	转	13	分配制造费用			36 560	365 760		借	365 760
12	31	转	14	结转成本					365 760	平	0
12	31			月末结账	238 000	91 200	36 560	365 760	365 760	平	0

总账科目：库存商品

明细科目：A 产品　　　　计量单位：公斤

2007年		凭证		摘要	收入			发出			结存		
月	日	字	号		数量	单价	金额	数量	单价	金额	数量	单价	金额
12	1			月初余额							600	1 000	600 000
12	31	转	14	计算结转成本	1 000	1 147.64	1 147 640				1 600		1 747 640
12	31	转	16	结转已售成本				500	1 000	500 000	1 100		1 247 640
12	31			月末结账	1 000	1 147.64	1 147 640	500	1 000	500 000	1 100		1 247 640

总账科目：库存商品

明细科目：B 产品　　　　计量单位：公斤

2007年		凭证		摘要	收入			发出			结存		
月	日	字	号		数量	单价	金额	数量	单价	金额	数量	单价	金额
12	1			月初余额							500	600	300 000
12	31	转	14	计算结转成本	600	609.6	365 760				1 100		665 760
12	31	转	16	结转已售成本				300	600	180 000	800		485 760
12	31			月末结账	600	609.6	365 760	300	600	180 000	800		485 760

现金日记账

2007年		凭证		摘要	借方	贷方	余额
月	日	字	号				
12	1			月初余额			2 000
12	2	付	3	从银行提现	1 000 000		1 002 000
12	3	付	4	发放工资		1 000 000	2 000
12	4	付	5	支付差旅费		600	1 400
12	10	收	3	收回预支差旅费	200		1 600
12	31			月末结账	1 000 200	1 000 600	1 600

银行存款日记账

2007年		凭证		摘要	借方	贷方	余额
月	日	字	号				
12	1			月初余额			5 000 000
12	1	付	1	报销医药费		3 000	4 997 000
12	2	付	2	支付货款		150 000	4 847 000
12	2	付	3	从银行提现		1 000 000	3 847 000
12	4	付	6	购入材料		466 000	3 381 000
12	6	收	1	收回货款	6 000 000		9 381 000
12	12	收	3	销售产品	1 200 000		10 581 000
12	12	付	7	支付运杂费		10 000	10 571 000
12	18	付	8	购买设备		329 000	10 242 000
12	20	付	9	交纳罚款		5 000	10 237 000
12	31	收	4	收到投资收益	160 000		10 397 000
12	31			月末结账	7 360 000	1 963 000	10 397 000

3. 列示阳光公司2007年12月份的“试算平衡表”如下：

阳光公司试算平衡表

2007年12月　　　　单位：元

项　　目	期初余额		本期发生额		期末余额	
	借　　方	贷　　方	借　　方	贷　　方	借　　方	贷　　方
库存现金	2 000		1 000 200	1 000 600	1 600	
银行存款	5 000 000		7 360 000	1 963 000	10 397 000	
应收账款	7 000 000		90 000	6 000 000	1 090 000	
其他应收款	0		600	600	0	
原材料	1 000 000		466 000	1 272 000	194 000	
产成品	900 000		1 513 400	680 000	1 733 400	
待摊费用	15 000		0	15 000	0	
长期股权投资	8 000 000		0	0	8 000 000	
固定资产	24 000 000		3 320 000	0	27 320 000	
累计折旧		4 700 000	0	100 000		4 800 000
无形资产			200 000		200 000	
短期借款		60 000	0	0		60 000
应付账款		200 000	150 000	171 000		221 000
应付职工薪酬		1 140 000	1 003 000	342 000		479 000
应付股利		0	0	50 000		50 000
应交税费		60 000	0	224 340		284 340
预提费用		2 000	0	1 000		3 000
实收资本		30 000 000	0	2 700 000		32 700 000
资本公积		755 000	0	300 000		1 055 000
盈余公积		7 200 000	0	170 049		7 370 049
本年利润		800 000	2 270 000	1 470 000		0
利润分配		1 000 000	220 049	1 133 660		1 913 611
生产成本			1 513 400	1 513 400		
制造费用			91 400	91 400		
主营业务收入			1 200 000	1 200 000		

续表

项　目	期初余额		本期发生额		期末余额	
	借　方	贷　方	借　方	贷　方	借　方	贷　方
主营业务成本			680 000	680 000		
营业税金及附加			60 000	60 000		
其他业务收入			90 000	90 000		
其他业务成本			78 000	78 000		
销售费用			10 000	10 000		
管理费用			138 000	138 000		
财务费用			1 000	1 000		
投资收益			160 000	160 000		
营业外收入			20 000	20 000		
营业外支出			5 000	5 000		
所得税费用			163 340	163 340		
合　计	45 917 000	45 917 000	21 803 389	21 803 389	48 936 000	48 936 000

4. 列示阳光公司2007年12月末的资产负债表和利润表如下：

资 产 负 债 表

编制单位：阳光公司　　2007年12月31日　　单位：元

资　产	期末数	负债和所有者权益	期末数
流动资产：		流动负债：	
货币资金	10 398 600	短期借款	60 000
应收账款	1 090 000	应付账款	221 000
其他应收款	0	应付职工薪酬	479 000
存　货	1 927 400	应付股利	50 000
流动资产合计	13 416 000	应交税费	284 340
非流动资产：		其他应付款	3 000
长期股权投资	8 000 000	流动负债合计	1 097 340
固定资产	22 520 000	非流动负债：	0

续表

资　产	期末数	负债和所有者权益	期末数
无形资产	200 000	负债合计	1 097 340
		所有者权益：	
		实收资本	32 700 000
		资本公积	1 055 000
		盈余公积	7 370 049
		未分配利润	1 913 611
非流动资产合计	30 720 000	所有者权益合计	43 038 660
资产合计	44 136 000	负债和所有者权益合计	44 136 000

利　润　表

编制单位：阳光公司　　　　2007 年 12 月　　　　单位：元

项　　目	本　月　数
一、营业收入	1 290 000
减：营业成本	758 000
营业税金及附加	60 000
销售费用	10 000
管理费用	138 000
财务费用	1 000
加：投资收益	160 000
二、营业利润	483 000
加：营业外收入	20 000
减：营业外支出	5 000
三、利润总额	498 000
减：所得税费用	164 340
四、净利润	333 660

5. 如果将第 13 项交易重复记账一次，会导致资产负债表中的货币资金项目少计 10 000 元，同时应交税金少计 3 300 元，未分配利润

少计 6 700 元，也即资产被低估 10 000 元，负债被低估 3 300 元，所有者权益被低估 6 700 元；且会导致利润表中的营业费用多计 10 000 元，税前利润少计 10 000 元，所得税少计 3 300 元，从而净利润被低估 6 700 元。

6. 如果将第 14 项交易中的材料实际成本计算为 87 000 元，会导致资产负债表中的原材料少计 9 000 元，同时应交税金少计 2 970 元，未分配利润少计 6 030 元，也即资产被低估 9 000 元，负债被低估 2 970 元，所有者权益被低估 6 030 元；且会导致利润表中其他业务支出多计 9 000 元，税前利润少计 9 000 元，所得税少计 2 970 元，从而净利润被低估 6 030 元。

第十章习题与案例解答

(一) 目的：熟悉会计法及相关法规

练习题答案要点：

首先，要明确会计法律责任的承担者都有哪些人。根据《会计法》的规定：单位负责人对本单位会计工作和会计资料的真实性、完整性负责。由此可见，该公司的主要负责人难逃其咎，所以，第二种观点“由会计人员承担全部责任”是不正确的。

《会计法》同时规定：单位负责人为本单位会计工作的责任主体，但这并不排除其他会计法律主体的义务。原因有以下几点：第一，单位负责人对其所做出的决策和形成的决议负责；第二，单位负责人掌握着会计机构的设置，决定财务负责人的聘任、解聘以及报酬，还掌握着单位会计政策、会计核算制度和内部控制制度的基本会计管理制度；第三，单位负责人与单位之间形成了委托代理关系，其应当以合理的谨慎和技能为单位服务。

但按照会计法的规定，会计法律主体还有会计人员、其他人员、会计监管部门和有关行政部门的人员。其中会计人员包括会计机构负责人或会计主管人员和各种会计人员。由此可以看出，第一种观点“该公司的主要领导人理应对会计信息失真负有全部责任”是不全面的。

第三种观点综合考虑了单位负责人和会计人员作为会计法律责任主体的法律责任，是正确的，也是比较全面的观点。

（二）目的：理解会计准则与会计制度的关系

练习题答案要点：

在我国，会计准则和会计制度均由财政部发布。随着2006年2月15日《企业会计准则》体系的发布并最终实施，以及财政部明确指出《企业会计准则——基本准则》和《企业会计准则第1号——存货》等38项具体准则于2007年1月1日起在上市公司范围内施行，鼓励其他企业执行，执行38项具体准则的企业不再执行旧准则、《企业会计制度》和《金融企业会计制度》，会计准则的作用和地位得到全面加强，会计制度将被逐步弱化。也就是说，自2007年1月1日起，除《小企业会计制度》继续沿用外，《企业会计制度》和《金融企业会计制度》将不再被执行新准则的企业执行。

不过，完全取消会计制度或者完全取消会计准则，在我国目前的现实条件下都是不合理的。我国会计准则和会计制度都属于会计法规体系中的同一个层次，是企业会计确认、计量、记录和报告规范的两种不同形式。两者目的相同，但侧重点有不同。会计准则与会计制度的目的都在于规范企业会计行为、提高会计信息的可比性、确保会计信息真实可靠，但会计准则侧重于对会计确认、计量和报告的规范，而会计制度侧重于对会计记录和报告的具体行为进行详细规定。就我国目前会计实务来说，会计准则和会计制度的并存作为一种客观存在，是适应现实条件约束的结果。我国企业会计准则体系建立时间不长，企业会计人员尚不习惯于运用职业判断，所以提供一套与会计准则相配套的会计制度，推荐会计科目，解释会计科目的性质和使用方法、明确会计核算程序、提供主要经济事项分录范例，对于帮助企业更好地运用会计准则，提高会计效率和会计信息质量，加强内部监督和政府监督，还是有必要且可行的。

（三）目的：熟悉会计法及会计控制基本规范

练习题答案要点：

1.《代理记账管理暂行办法》第二条规定：凡不具配备专职会计人员调剂的小型经济组织、应当建账的个体工商户等（以下统称委托人），应当依据本办法的规定委托代理记账公司、会计师事务所或者其他社会咨询服务机构（以下统称代理记账机构）办理会计业务。

根据本规定，如果聘任的专职记账员属于符合条件的可从事代理记账业务的机构，则该社的记账工作符合我国颁布的《会计法》及会计准则与会计制度的规定。

2.该社会计岗位分工存在的主要问题是由同一人负责保管现金和银行存款。因此，该社会计岗位设置及其分工的具体方案可以考虑如下：第一，因为记账跟制单都需要一定的专业知识，所以这部分工作可以由聘任的专职记账员李朋负责。第二，记账工作与凭证的审核是不相容职务，审核工作可以由张章负责。第三，出纳人员不能同时负责保管现金和银行存款，所以银行印鉴可以由刘剩（负责保管），相当于将从银行提取现金的业务的审核权与银行存款的保管分离。在这种情况下出纳王纲可以同时保管现金和银行存款。第四，钱前和唐瑭可以作为该社的业务人员，负责复印、打印，同时开具收据，由出纳王纲负责收钱。

3.设计现金内部控制制度如下：王纲作为出纳接触现金和银行存款，银行存款和现金支取的审核工作由刘剩（董事长兼经理）负责。

每日现金收入要及时入账，当天要全数解存银行，尽量减少该社库存现金；现金支出要按规定支付并进行严格控制，以防止重复付款及避免发生差错；支付款项，尽量以顺序编号的支票支付；注意现金安全保管与记录正确，应经常不定期盘点库存、核对记录，查明不相符的问题；无论何种付款，必须取得批准和核对清楚原始凭证后方能支付；每日要与银行对账，并编制银行账户调节表，其副本应存档备查。

（四）目的：熟悉会计法及相关法规

练习题答案要点：

针对第（1）个违规行为“汪洋公司在2004年度伪造会计凭证累计37张”，以及第（4）个违规行为“大洋公司提供的2004年度财务报告中，虚增利润达1 200万元”分析如下：

依照《会计法》第四十三条规定，伪造、变造会计凭证、会计账簿，编制虚假财务报告，构成犯罪的，依法追究刑事责任。尚不构成犯罪的，由县级以上人民政府财政部门予以通报，可以对单位并处5 000元以上10万元以下的罚款；对其直接负责的主管人员和会计其他直接责任人员，可以处3 000元以上5万元以下的罚款；属于国家工作人员的，还应当由其所在单位或者有关单位依法给予撤职直至开除的行政处分；对其中的会计人员，并由县级以上人民政府财政部门吊销会计从业资格证书。

《中华人民共和国刑法》第二百零一条对纳税人采取伪造、变造、隐匿、擅自销毁账簿、记账凭证等行为的法律责任做出了规定。

我国《刑法》尚未明确将伪造、变造、会计凭证、会计账簿，严重破坏会计秩序的行为规定为会计犯罪，也未将一般公司、企业编制虚假财务会计报告的行为，作为单独犯罪加以规定，而只是在其已经造成严重后果后，作为犯罪情节、手段，分别以偷税罪、公司提供虚假保会计报告罪、中介组织人员提供虚假证明文件罪及其他犯罪追究刑事责任。

汪洋公司和大洋公司可能承担的行政责任有：通报、罚款、吊销会计从业资格证书、行政处分。如果伪造的会计凭证以及提供的虚假财务会计报告产生严重后果，严重损害股东或社会公众的利益的，可能构成犯罪，承担刑事责任中的“提供虚假财会报告罪”或“偷税罪”。

针对第（2）个违规行为“焦城变电站销毁2003年度原始凭证9张”分析如下：

依照《会计法》第四十四条规定，隐匿或者故意销毁依法应当保存的会计凭证、会计账簿、财务会计报告，构成犯罪的，依法追究刑事责任。尚不构成犯罪的，由县级以上人民政府财政部门予以通报，可以对单位并处5 000元以上10万元以下的罚款；对其直接负责的主管人员和会计其他直接责任人员，可以处3 000元以上5万元以下的罚款；属于国家工作人员的，还应当由其所在单位或者有关单位依法给予撤职直至开除的行政处分；对其中的会计人员，并由县级以上人民政府财政部门吊销会计从业资格证书。

针对第（3）个违规行为“长河公司拒不接受本次会计大检查”分析如下：

此行为违反了《会计法》第三十五条的规定。

财政部门在会计监督检查中实施行政处罚的种类有：警告、罚款、吊销会计从业资格证书。

针对第（5）个违规行为“武汉天成电器公司北京分公司仅使用日文记账和编制财务报表”分析如下：

《会计法》第十二条规定：会计核算以人民币为记账本位币。业务收支以人民币以外的货币为主的单位，可以选定其中一种货币作为记账本位币，但是编制的财务会计报告应当折算为人民币。业务收支以外币为主的单位可以外币作为记账本位币，但编报的财务会计报告应当折算为人民币反映。

依照会计法第二十四条规定，未按规定使用会计记录文字或者记账本位币的，应由县级以上人民政府财政部门责令限期改正，可以对单位并处3 000元以上5万元以下的罚款；对其直接负责的主管人员和其他直接责任人员，可以处2 000元以上2万元以下的罚款；属于国家工作人员的，还应当由其所在单位或者有关单位依法给予行政处分。会计人员有此行为，情节严重的，由县级以上人民政府财政部门吊销会计从业资格证书。

案例分析（P428）提示：

（1）存在的主要问题有：

第一，货币名称与金额之间不应该有空格。

第二，右上方应该写明凭证号（根据不同的记账凭证连续编号）。

第三，应该在左边写明所附的原始凭证张数。

第四，因为凭证已经过账，但是漏掉了过账符号。

第五，出纳跟审核不能是同一个人。

(2) 她们的做法不正确。

《会计基础工作规范》第二十六条规定：为保证账簿记录清晰、完整、正确，账簿记录发生错误时，不准涂改、挖补、刮擦或者用药水消除字迹，不准重新抄写。

会计差错的更正有三种方法：划线更正法、红字更正法和补充登记法。由于实际支付的款项是 450 000，而该付款凭证上的金额栏只有 45 000，陈燕和李芬应该采用补充登记法，按照 405 000 再填制一张借记固定资产、贷记银行存款的付款凭证，据以登记入账。

(3) 这种情况有两种处理方法：

第一，可以不附原始凭证，但是在编制的记账凭证摘要中要写明"原始凭证见付款凭证 × 号后附原始凭证"。

第二，可以将原始凭证复制，然后附在新编制的记账凭证后面。

第三部分 补充习题解答

第一章补充习题解答

（一）单项选择题

题号	1	2	3	4	5	6	7	8	9	10
答案	C	D	B	D	C	C	A	D	D	B

（二）多项选择题

题号	1	2	3	4	5
答案	BC	AC	ABD	ACD	ABCD

（三）判断题

题号	1	2	3	4	5	6	7	8	9	10
答案	×	×	×	○	○	×	×	○	○	○

第二章补充习题解答

（一）单项选择题

题号	1	2	3	4	5	6	7	8	9	10
答案	C	B	D	D	C	D	A	A	B	C
题号	11	12	13	14	15	16	17	18	19	20
答案	B	D	C	B	C	B	C	D	B	A

（二）多项选择题

题号	1	2	3	4	5	6	7	8	9	10
答案	BCD	ACD	BC	ABCD	AC	ABC	ABD	AB	ACD	ABD
题号	11	12	13	14	15	16	17	18	19	20
答案	ACD	BC	AD	AD	ABCD	ABC	ABC	BCD	AD	ABCD

（三）判断题

题号	1	2	3	4	5	6	7	8	9	10
答案	×	×	×	×	×	×	○	×	○	○
题号	11	12	13	14	15	161	17	18	19	20
答案	×	○	×	○	○	×	×	○	×	×

（四）分析计算题

1.（1）流动资产 = 6 000 000（材料）+ 4 000 000（货币资金）+ 1 000 000（借款）= 11 000 000（元）

长期资产 = 10 000 000 元（固定资产）

资产 = 11 000 000（流动资产）+ 10 000 000（长期资产）

= 21 000 000（元）

（2）负债 = 1 000 000 元

所有者权益总额 = 21 000 000 – 1 000 000 = 20 000 000（元）

（3）资金总额 = 21 000 000 元

2.（1）期初资产 = 期初负债 + 期初所有者权益 = 5 000 000 + 8 000 000 = 13 000 000（元）

期末所有者权益总额 = 期末资产总额 – 期末负债总额

= 15 000 000 – 5 000 000 = 10 000 000（元）

（2）本期实现的利润 = 期末所有者权益总额 – 期初所有者权益总额 = 10 000 000 – 8 000 000 = 2 000 000（元）

3.（1）①属于第三种类型；②属于第二种类型；③属于第一种类型；④属于第四种类型。以上经济交易与事项发生不破坏会计方程式平衡相等关系。

（2）2006 年 6 月 30 日资产负债及所有者权益计算如下表：

单位：元

资　产	金　额	负债及所有者权益	金　额
现金	600	负债：	
银行存款	3 000	短期借款	20 000
应收账款	21 000	应付账款	5 000
原材料	55 400	所有者权益：	
固定资产	165 000	实收资本	220 000
资产总计	245 000	负债及所有者权益总计	245 000

（五）案例分析提示

案例分析提示：

（1）张华需要反映以下会计信息：企业在筹备期间、经营期间发生有关经济交易和事项，通过设置有关项目反映。因该企业属小企业，具体设置的项目可适当简化。

①资　　产：

现金

银行存款

库存商品

预付费用

固定资产——电脑

——粉碎机

——厂房

②负　　债：

短期借款

应付账款

应计费用

其他往来

应付工资

应交税费

③所有者权益：实收资本

本年利润

利润分配

④成　　本：生产成本

制造费用

⑤损　　益：营业收入

营业成本

营业税金及附加

(2) 期初：资产 = 180 000 元　　负债 = 70 000 元　　所有者权益 = 110 000 元

(3) 计算企业的“盈利或亏损”需要通过有关会计记录反映生产经营过程中发生费用及销售过程中取得的收入及费用，以便定期计算盈亏。构成该企业利润或损失的一般项目应有期间费用、营业收入、营业成本、营业税金及附加等。一般可在期末（月末、季末、年末）进行计算分析。

第三章补充习题解答

（一）单项选择题

1	2	3	4	5	6	7	8	9	10
C	A	B	C	B	D	D	B	C	B
11	12	13	14	15	16	17	18	19	20
C	C	A	D	C	B	C	C	B	D

（二）多项选择题

1	2	3	4	5	6	7	8	9	10
ABCD	AB	ACD	ABCD	AC	BC	ABCD	ABD	BC	ABD
11	12	13	14	15	16	17	18	19	20
ABCD	ABC	BC	BC	AC	BCD	BD	ABCD	CD	ABC

（三）判断题

1	2	3	4	5	6	7	8	9	10
×	×	×	×	×	×	○	○	○	○
11	12	13							
○	×	×							

(四) 综合题

1. 目的：掌握会计要素与会计账户。

参考答案要点：

(1) 资产——固定资产

(2) 资产——库存商品

(3) 资产——原材料

(4) 资产——其他应收款

(5) 负债——短期借款

(6) 负债——应付账款

(7) 所有者权益——本年利润

(8) 所有者权益——利润分配

(9) 收入——营业外收入

(10) 资产——银行存款

(11) 资产——无形资产

(12) 所有者权益——实收资本

(13) 所有者权益——实收资本

(14) 所有者权益——盈余公积

(15) 负债——应交税费

(16) 负债——应付账款

2. 目的：掌握会计分录与会计账户。

参考答案要点：

(1) 借：银行存款　　28 000

　　贷：应收账款　　28 000

(2) 借：银行存款　　68 000

　　贷：短期借款　　68 000

(3) 借：库存现金　　8 400

　　贷：营业外收入　　8 400

(4) 借：银行存款　　74 000

贷：实收资本　74 000

（5）借：应付账款　49 000

贷：银行存款　49 000

（6）借：固定资产　37 600

贷：银行存款　37 600

（7）借：银行存款　42 000

应收账款　40 000

贷：主营业务收入　84 000

（8）借：应付职工薪酬　20 000

贷：库存现金　20 000

丁字账户登记略。

3. 目的：熟悉账户的基本结构和期末余额的计算方法。

参考答案要点：

某企业有关账户资料

账户名称	期初余额	借方发生额	贷方发生额	期末余额
银行存款	300 000	（1）40 000 （2）10 000	（3）100 000 （4）80 000	（5）170 000
原材料	40 000	（1）30 000 （3）43 000	（2）3 000 （4）10 000	（5）100 000
固定资产	280 000	（1）200 000 （2）120 000	（3）70 000 （4）130 000	（5）400 000
短期借款	300 000	（1）200 000 （2）300 000	（3）800 000 （4）70 000	（5）670 000
应付账款	170 000	（1）30 000 （2）100 000	（3）50 000	（4）90 000
管理费用	0	（1）5 000 （2）30 000	（3）35 000	（4）0
销售费用	0	（1）7 000 （2）94 000	（3）80 000 （4）21 000	（5）0

第四章补充习题解答

（一）单项选择题

题号	1	2	3	4	5	6	7	8	9	10
答案	B	B	C	D	D	C	A	D	B	D

（二）多项选择题

题号	1	2	3	4	5	6	7	8	9	10
答案	ABCD	ABC	AB	ABCD	AC	ABC	AC	ABD	ABCD	CD

（三）判断题

题号	1	2	3	4	5	6	7	8	9	10
答案	×	×	×	×	×	×	×	○	×	×

第五章补充习题解答

（一）单项选择题

题号	1	2	3	4	5	6	7	8	9	10
答案	B	D	B	A	B	B	B	C	A	D

（二）多项选择题

题号	1	2	3	4	5	6	7	8	9	10
答案	ABC	ABCD	BCD	ABCD	ABC	ABCD	ACD	ABD	AB	AB

（三）判断题

题号	1	2	3	4	5	6	7	8	9	10
答案	×	×	×	×	×	○	×	×	×	×

（四）分析计算题

答案要点：

（1）固定资产原始价值的计量及处理不正确。

企业为了使用的目的而取得固定资产，并使固定资产达到可供使用状态的一切合理支出，都应列为固定资产原始价值的内容。因此，本案例中，固定资产的原值应该为 183 000 元（180 000 + 1 000 + 2 000），取得时的会计分录应为：

借：固定资产　　183 000

　　贷：银行存款　　180 000

　　　　库存现金　　3 000

（2）固定资产折旧的计算及处理不正确。

采用年数总和法计提折旧，应该按年计算（按年加速），按月计提（年内平均）。另外，按照我国会计准则与会计制度的规定，当月增加的固定资产，当月不提折旧，当月减少的固定资产，当月仍提折旧。

对于生产用的机器设备，其折旧费应计入制造费用中，且贷记“累计折旧”，而不是直接贷记“固定资产”。

正确的计算及会计分录应为：

固定资产第一年的年折旧率 = 5/15

固定资产第一年的年折旧额 = 183 000 × 5/15 = 61 000（元）

固定资产第一年的月折旧额 = 61 000/12 = 5 083.33（元）

2007 年 10 月末不做处理，从 2007 年 11 月开始：

借：制造费用　　5 083.33

　　贷：累计折旧　　5 083.33

第六章补充习题解答

（一）单项选择题

1	2	3	4	5	6	7	8	9	10
C	C	D	C	A	D	B	B	C	D
11	12	13	14	15	16	17	18	19	20
A	B	B	D	D	C	A	D	D	C
21	22	23	24	25	26	27	28	29	30
B	C	C	A	B	C	A	C	D	D

（二）多项选择题

1	2	3	4	5	6	7	8	9	10
AD	ABCD	ABCD	AB	BC	ABC	BC	AB	AB	ABD
11	12	13	14	15	16	17	18	19	20
ABC	BCD	CD	ABCD	AC	BD	ABC	ABCD	ABCD	ABC
21	22	23	24	25	26	27	28	29	30
AC	ABCDE	CD	ABCD	AD	ABCDEF	ABCDE	ABCE	ABC	ABCD

（三）判断题

1	2	3	4	5	6	7	8	9	10
×	○	○	○	×	○	×	○	○	×
11	12	13	14	15	16	17	18	19	20
○	×	○	×	×	×	○	×	○	×

（四）综合题

1.（1）

付 款 凭 证

贷方科目：银行存款　　　　2007 年 8 月 1 日　　　　付字第　号

摘要	借方科目		金额										记账符号
	总账科目	明细账科目	千	百	十	万	千	百	十	元	角	分	
提现	现金						5	0	0	0	0	0	
合计						¥	5	0	0	0	0	0	

附件　张

会计主管：A　　记账：B　　出纳：C　　审核：D　　制单：xy

（2）

收 账 凭 证

借方科目：银行存款　　　　2007 年 8 月 2 日　　　　收字第　号

摘要	贷方科目		金额										记账符号
	总账科目	明细账科目	千	百	十	万	千	百	十	元	角	分	
向银行贷款	短期借款	某银行			1	0	0	0	0	0	0	0	
合计				¥	1	0	0	0	0	0	0	0	

附件　张

会计主管：A　　记账：B　　出纳：　　审核：D　　制单：xy

（3）

转 账 凭 证

2007年8月3日　　　　转字第　号

摘　要	总账科目	明细账科目		借方金额											贷方金额										附件
				千	百	十	万	千	百	十	元	角	分		千	百	十	万	千	百	十	元	角	分	
	原材料						5	0	0	0	0	0	0												
	应付账款																	5	0	0	0	0	0	0	张
合　计						¥	5	0	0	0	0	0	0				¥	5	0	0	0	0	0	0	

会计主管：A　　记账：B　　出纳：　　审核：D　　制单：xy

2.

（1）借：银行存款　　1 000 000
　　贷：实收资本　　1 000 000

（2）借：银行存款　　200 000
　　无形资产　　800 000
　　固定资产　　1 000 000
　　贷：实收资本　　2 000 000

（3）借：固定资产　　1 200 000
　　贷：实收资本　　1 000 000
　　　　资本公积　　200 000

（4）借：银行存款　　1 000 000
　　贷：短期借款　　1 000 000

（5）借：短期借款　　600 000
　　贷：银行存款　　600 000

（6）借：银行存款　　6 000 000
　　贷：长期借款　　6 000 000

（7）借：财务费用　　10 000
　　贷：银行存款　　10 000

（8）借：交易性金融资产　　300 000

贷：银行存款 300 000

（9）借：银行存款 400 000

贷：交易性金融资产 350 000

投资收益 50 000

（10）借：长期股权投资 1 000 000

贷：银行存款 1 000 000

3.

（1）借：材料采购 40 000

贷：银行存款 40 000

（2）借：材料采购 2 000

贷：银行存款 2 000

（3）借：原材料 42 000

贷：材料采购 42 000

（4）借：材料采购 40 000

贷：应付账款 40 000

（5）借：应付账款 30 000

贷：银行存款 30 000

（6）借：固定资产 80 000

贷：银行存款 80 000

4.

（1）借：其他应收款 4 000

贷：库存现金 4 000

（2）借：材料采购

——甲 16 000

——乙 10 000

贷：应付账款 26 000

（3）借：材料采购

——甲 4 000

——乙 2 000

贷：应付账款 6 000

(4) 借：材料采购

——甲 1 600

——乙 800

贷：应付账款 2 400

(5) 借：材料采购

——甲 3 200

——乙 2 000

贷：应付账款 5 200

(6) 借：应付账款 26 000

贷：银行存款 26 000

(7) 借：原材料

——甲 24 800

——乙 14 800

贷：材料采购

——甲 24 800

——乙 14 800

(8) 借：固定资产 40 000

贷：应付账款 40 000

5.

(1) 借：生产成本 20 000

制造费用 800

管理费用 300

贷：原材料 21 100

(2) 借：生产成本 7 000

制造费用 2 000

管理费用 1 000

贷：应付职工薪酬 10 000

(3) 借：制造费用 700

管理费用 300
贷：累计折旧 1 000
（4）借：制造费用 1 000
贷：预提费用 1 000
（5）借：制造费用 800
贷：待摊费用 800
（6）借：生产成本 5 300
贷：制造费用 5 300
（7）借：库存商品 32 300
贷：生产成本 32 300

6.

（1）借：生产成本
——A 13 600
——B 20 550
制造费用 150
管理费用 170
贷：原材料 34 470
（2）借：生产成本
——A 3 000
——B 4 000
制造费用 2 800
管理费用 1 000
贷：应付职工薪酬 10 800
（3）借：制造费用 1 000
贷：银行存款 1 000
（4）借：待摊费用或预付费用 360
贷：银行存款 360
（5）借：制造费用 100
管理费用 20

贷：待摊费用或预付费用 120

(6) 借：制造费用 1 750

管理费用 150

贷：累计折旧 1 900

(7) 借：制造费用 1 200

贷：预提费用 1 200

(8) 借：生产成本

——A 3 000

——B 4 000

贷：制造费用 7 000

(9) 借：库存商品

——A 19 600

——B 28 550

贷：生产成本

——A 19 600

——B 28 550

7.

(1) 借：银行存款 7 200

贷：主营业务收入 7 200

(2) 借：银行存款 10 800

贷：主营业务收入 10 800

(3) 借：主营业务成本 9 200

贷：库存商品 9 200

(4) 借：销售费用 400

贷：银行存款 400

(5) 借：销售费用 200

贷：库存现金 200

(6) 借：营业税金及附加 900

贷：应交税费 900

(7) 借：其他应收款　800
　　贷：银行存款　800
(8) 借：库存现金　200
　　贷：其他业务收入　200
(9) 借：管理费用　15 200
　　贷：银行存款　5 400
　　　　库存现金　1 800
　　　　应付职工薪酬　8 000
(10) 借：银行存款　2 000
　　贷：其他业务收入　2 000
　借：其他业务成本　1 600
　　贷：原材料　1 600
(11) 借：管理费用　700
　　贷：其他应收款　500
　　　　库存现金　200
(12) 借：管理费用　400
　　贷：银行存款　400
(13) 借：管理费用　2 500
　　贷：累计折旧　2 500
(14) 借：营业外支出　13 000
　　贷：银行存款　13 000
(15) 借：银行存款　2 000
　　贷：其他应付款　2 000
(16) 借：其他应付款　2 000
　　贷：营业外收入　2 000
(17) 借：银行存款　60 000
　　贷：应收账款　60 000
(18) 借：应交税费　10 000
　　贷：银行存款　10 000

8.

(1) 借：主营业务收入　　4 000 000
　　其他业务收入　　80 000
　　投资收益　　300 000
　　营业外收入　　140 000
　　贷：本年利润　　4 520 000

借：本年利润　　2 660 000
　　贷：主营业务成本　　1 800 000
　　　　其他业务成本　　60 000
　　　　营业税金及附加　　100 000
　　　　管理费用　　200 000
　　　　销售费用　　300 000
　　　　财务费用　　100 000
　　　　营业外支出　　100 000

(2) 借：所得税费用　　490 000
　　贷：应交税费　　490 000

(3) 借：本年利润　　490 000
　　贷：所得税费用　　490 000

(4) 借：利润分配　　959 000
　　贷：盈余公积　　137 000
　　　　应付利润　　822 000

(5) 借：本年利润　　6 370 000
　　贷：利润分配——未分配利润　　6 370 000

第七章补充习题解答

（一）单项选择题

题号	1	2	3	4	5	6	7	8	9	10
答案	A	B	C	B	B	A	D	A	D	A

（二）多项选择题

题号	1	2	3	4	5
答案	ABD	BCD	ABC	ABCD	ABCD

（三）分析计算题

1.（1）借：管理费用 12 000

贷：预付账款 12 000

（2）借：制造费用 1 000

贷：累计折旧 1 000

（3）借：财务费用 2 000

贷：应付利息 2 000

2.（1）红字更正法。

先用红字金额填制一张与原错误记账凭证内容完全相同的记账凭证，并据以用红字登记入账，以冲销原错误账簿记录；然后，再用蓝字填制一张正确的记账凭证（如下），并据以用蓝字登记入账。

借：生产成本 18 300

贷：原材料 18 300

（2）划线更正法。

将错误的数字100 000用一条红色横线划销，但必须保证原有字迹仍可辨认，以备查考；然后，在划线的上方用蓝字填写正确的数字10 000（在同一行的上方位置），并由错账更正人员在更正处盖章，以明确责任。

(3) 补充登记法。

将少记的金额612 000用蓝字填制一张与原来错误记账凭证所记载的账户名称、借贷方向均相同的记账凭证（如下），并据以用蓝字登记入账。

借：应收账款　　612 000
　　贷：主营业务收入　　612 000

(4) 红字更正法。

将多记的金额9 000用红字填制一张与原来错误记账凭证所记载的账户名称、借贷方向均相同的记账凭证（如下），并据以用红字登记入账。

借：销售费用　　[9 000]
　　贷：银行存款　　[9 000]

(四) 综合题

1. (1) 借：银行存款　　500 000
　　　　贷：股本　　500 000
(2) 借：材料采购——B　　41 500
　　　贷：银行存款　　1 500
　　　　　应付账款　　40 000
　　借：原材料——B　　41 500
　　　贷：材料采购——B　　41 500
(3) 借：固定资产　　200 000
　　　贷：银行存款　　200 000
(4) 借：生产成本——甲　　3 000
　　　　　　　　——乙　　26 000

制造费用 1 000

管理费用 2 000

贷：原材料——B 32 000

（5）借：生产成本——甲 30 000

——乙 20 000

制造费用 8 000

管理费用 5 000

贷：应付职工薪酬 63 000

（6）借：制造费用 16 000

管理费用 3 000

贷：累计折旧 19 000

（7）借：生产成本——甲 12 000

——乙 8 000

贷：制造费用 20 000

（8）借：库存商品——乙 20 000

贷：生产成本——乙 20 000

（9）借：银行存款 11 000

贷：主营业务收入 11 000

（10）借：营业税金及附加 550

贷：应交税费 550

（11）借：主营业务成本 8 000

贷：库存商品 8 000

（12）借：销售费用 500

贷：库存现金 500

（13）借：应收账款 5 000

贷：其他业务收入 5 000

（14）借：其他业务成本 4 200

贷：原材料——B 4 200

（15）借：待处理财产损溢 2 700

贷：原材料　　2 700

借：管理费用　　2 700

贷：待处理财产损溢　　2 700

2.（1）预收账款：

借：预收账款（或未实现收入）　　3 000

贷：其他业务收入（或租金收入）　　3 000

（2）预付账款：

借：管理费用（或报刊费用）　　2 000

贷：预付账款（或预付报刊费）　　2 000

（3）短期借款：

借：财务费用　　1 000

贷：应付利息　　1 000

3.（1）应采用红字更正法进行更正。

先用红字填制一张与原错误记账凭证内容完全相同的记账凭证，并据以用红字登记入账。

借：管理费用　　[200 000]

贷：银行存款　　[200 000]

然后用蓝字填制一张正确的记账凭证，并据以用蓝字登记入账。

借：固定资产　　200 000

贷：银行存款　　200 000

（2）将使资产负债表中的“固定资产”少计 200 000 元，利润表中的管理费用增加 200 000 元，利润总额减少 200 000 元，税后净利润减少 140 000 元。

第八章补充习题解答

（一）单项选择题

题号	1	2	3	4	5	6	7	8	9
答案	A	D	C	D	D	A	C	B	A

（二）多项选择题

题号	1	2	3	4	5
答案	ABCD	ACD	BDE	ABD	ABCD

（三）判断题

题号	1	2	3	4	5
答案	×	×	○	×	×

（四）分析计算题

1. 计算填列资产负债表“存货”等三个项目的金额

（1）资产负债表资产方“货币资金”项目的金额为：

980 + 10 258 = 11 238（元）

（2）资产负债表资产方“存货”的金额为：

18 695 + 489 + 6 589 = 25 773（元）

（3）资产负债表负债方有关长期借款项目的金额为：

153 000 − 35 000 = 118 000（元）

(4) 资产负债表所有者权益方“未分配利润”项目的金额为:

30 015 - 4 856 = 25 159（元）

2. 流动资产 = 100 × 1.5 = 150（万元）

存货金额 = 180 ÷ 3.6 = 50（万元）

所以，速动比率 = （150 - 50）/100 = 1

(五) 综合题

1. 该公司的销售额虽逐年增长，但销售净利率却逐年迅速下降，且变动幅度大于前者，净资产收益率也在逐年下降，说明公司的盈利能力正在迅速下降。

公司的资产负债率不断攀升而流动比率却迅速下降，且流动负债增长幅度过大，表明企业资产总额的增长主要来源于负债，特别是流动负债，这使公司面临极大的财务风险，资金链的轻微波动都很可能使公司面临破产清算的危机。

同时，公司的应收账款周转率、存货周转率和总资产周转率都在加速下降，反映出公司的资金大部分积压在应收账款和存货上，资金营运能力逐渐削弱，资产流动性差，资金利用效率不断减弱。

为解决上述问题，公司必须：(1) 从多方面降低生产成本，提高产品毛利率；(2) 重新制定信用政策，减少应收账款，加速应收账款的回收； (3) 完善销售和生产预测，减少库存，做到产销一致；(4) 减少负债筹资，增加主权筹资，果断停止亏损大而又发展前景的项目，集中公司的投资项目；减少股利分配，增加留存收益；(5) 扩大宣传，拓展产品销路。

2. 应该贷款给甲企业。

甲企业的资产负债率为 11.58%，流动比率为 1.36，而乙企业的资产负债率为 74.38%，流动比率为 0.678，可见甲企业的资产结构及资产流动性都要远远好于乙企业，所以应选择甲企业为贷款对象。

第九章补充习题解答

(一) 单项选择题

题号	1	2	3	4	5	6	7
答案	D	B	C	B	A	A	C

(二) 多项选择题

题号	1	2	3	4	5
答案	AC	ACD	BCD	CD	CD

(三) 判断题

题号	1	2	3	4	5
答案	×	○	○	×	×

(四) 综合题

存在的问题是:

1. 该付款凭证应该有附件张数;合计金额前应该有人民币符号"¥";制证人员签章应该是"孙莉"而非"王莹";由于尚未据以登记分类账簿,记账符号那栏不应该打勾。

2. 从银行提现应该编制的是付款凭证(涉及到银行存款和现金相互划转的业务,为避免重复,只编制付款凭证)。另外,应该有附件张数;合计金额前应该有人民币符号"¥";制证人员签章应该是

“孙莉”而非“王莹”；记账符号那栏也不应该打勾。

3. 计提固定资产折旧应该编制的是转账凭证，贷记的账户应该是累计折旧；编制日期中应该是 11 月 30 日；应该有附件张数；合计金额前应该有人民币符号“￥”；制证人员签章应该是“孙莉”而非“王莹”；记账符号那栏也不应该打勾。

4. 结转本月已售产品生产成本借记的总账科目应该是“主营业务成本”；编制日期中应该是 11 月 30 日；应该有合计金额；制证人员签章应该是“孙莉”而非“王莹”；记账符号那栏也不应该打勾。

第十章补充习题解答

（一）单项选择题

题号	1	2	3	4	5	6	7	8	9	10
答案	B	C	B	A	D	B	A	C	D	C

（二）多项选择题

题号	1	2	3	4	5
答案	BCD	AC	ACD	ABCD	ABCD

（三）判断题

题号	1	2	3	4	5
答案	○	×	○	×	○

（四）综合题

答案要点：

（1）我国的会计法规体系主要包括五类基本内容：①会计基本法律。指国家以法律形式对会计行为所作的规范，包括《中华人民共和国会计法》、《中华人民共和国注册会计师法》、《中华人民共和国审计法》等，由全国人民代表大会常务委员会通过后发布。②会计行政法规。主要是指由国务院所颁布的《企业财务会计报告条例》等高层次的政府行政法规。③会计准则和会计制度。是对会计确认、计量、记录和报告进行规范的会计标准和规则，由我国财政部发布。④综合性会计规范。是指会计工作的一些基本制度，规定从事会计工作所必须遵循的基本原则和基本规程，主要包括财政部颁布的《会计基础工作规范》、《内部会计控制规范》以及由财政部和国家档案局联合颁布的《会计档案管理办法》。⑤单位内部会计制度。指由各经济组织或单位在遵守全国性统一会计法律法规制度的前提下，结合自身的特点和经营管理目标，制定出适合于本单位的内部会计规范。

（2）会计准则是我国会计法规体系中的重要组成部分。2006 年 2 月 15 日，我国财政部发布了《企业会计准则——基本准则》和《企业会计准则第 1 号——存货》等 38 项具体准则，于 2007 年 1 月 1 日起在上市公司范围内施行，鼓励其他企业执行。执行 38 项具体准则的企业不再执行以前的准则、《企业会计制度》和《金融企业会计制度》。从准则体系的法律定位而言，中国企业会计准则属于法规体系的组成部分，具有强制性的特点；而国际会计准则/国际财务报告准则不是法规体系，但在国际资本市场上具有重要影响和较强的约束力，欧盟已经于 2002 年颁布了一项重要法例《2005 年应用国际会计准则之规章》，要求所有的欧盟国家的上市公司从 2005 年 1 月 1 日起采用国际会计准则/国际财务报告准则。中国属于借鉴国际会计准则/国际财务报告准则的国家，从项目对应关系来看，不仅整体框架保持了一致，而且大多数项目做到了相互对应。国际会计准则/国际财务报告准则体系由编报财务报表的框架、国际会计准则/国际财务报告准则和解释公告三部分构成，这与我国企业会计准则体系的整体架构一致。我国企业会计准则体系结构划分为三个层次。第一个层次为基本会计准则，第二个层次为具体会计准则，第三个层次是会计准则应用指南。我国的基本准则类似于国际会计准则/国际财务报告准则体系中的“编报财务报表的框架”，在整个准则体系中起统驭作用，是具体准则的制定依据，主要规范了会计目标、会计假设、会计信息质量要求、会计要素的确认、计量和报告原则等。具体会计准则主要规范企业发生的具体交易或事项的会计处理。应用指南主要包括具体准则解释和会计科目、主要账务处理等，为企业执行会计准则提供操作性规范。

第四部分　模拟试题

模拟试题一

会计学原理课程考试试题

题号	一	二	三	四	五	六	总分	计分人
分值	10	10	10	15	10	45	100	
得分								

得分	评阅人

一、单项选择题（从备选答案中选出一个最合适的答案，写在括号内，共10小题，每小题1分，共10分）

1. 根据权责发生制原则，可以在当期确认收入的是(　　)。

A. 预收客户的货款

B. 本期赊销商品

C. 收到客户交来的包装物押金

D. 收到客户上年度所欠的货款

2. 企业购买一批原材料，价款为12万元，其中7万元已用银行存款支付，剩下的5万元尚未支付。该交易使得(　　)。

A. 企业的资产总额增加12万

B. 企业的负债总额增加5万

C. 企业的所有者权益增加7万

D. 以上答案均不正确

3. 下列不属于会计假设的项目是(　　)。

A. 会计实体　　B. 持续经营

C. 历史成本　　D. 货币计量

4. 下列交易使会计等式“资产=负债+所有者权益”两边同时等额增加的是(　　)。

A. 企业以银行存款购买汽车

B. 企业以资本公积金转增资本

C. 企业以银行存款归还贷款

D. 企业接受投资者的投资

5. 我国及国际会计惯例所公认的基本计量属性是(　　)。

A. 现行成本　　B. 未来现金流量现值

C. 现行市价　　D. 历史成本

6. 会计信息的(　　)质量特征要求依据经济交易或事项的实质和经济现实，而不仅依据其法律形式来记录和报告经济交易与事项。

A. 重要性　　B. 实质重于形式

C. 可理解性　　D. 相关性

7. 下列账户的期末余额一定为零的是(　　)。

A. 应收账款　　B. 应付账款

C. 实收资本　　D. 其他业务收入

8. “原材料”等存货明细账一般采用的账页格式是(　　)。

A. 三栏式　　B. 多栏式

C. 数量金额式　　D. 订本式

9. 下列项目不属于对账的内容的是(　　)。

A. 账表核对　　B. 账账核对

C. 账证核对　　D. 账实核对

10. 不属于制造费用的项目是(　　)。

A. 车间管理人员的工资和福利

B. 车间发生的机器、房屋的折旧费

C. 车间原材料的一般耗费

D. 为甲产品生产所耗费的材料费

得分	评阅人

二、多项选择题（从备选答案中选出两个或两个以上的正确答案，并将答案写在括号内，共 5 小题，每小题 2 分，共 10 分）

1. 下列报表属于财务报表的基本报表的有(　　)。

A. 资产负债表　　B. 现金流量表

C. 股东权益变动表　　D. 利润表

2. 通过设置累计折旧账户，可以获得以下相关信息(　　)。

A. 可以满足外部关系人就固定资产所进行的相关决策所需要的会计信息

B. 可以通过固定资产原值来推断企业的生产能力与生产规模

C. 可以准确了解固定资产的使用寿命

D. 可以推断固定资产的新旧程度

3. 企业的下列经济活动的原始数据能够纳入到会计信息系统予以处理(　　)。

A. 企业发行股票以筹集资金 8 000 万元

B. 企业召开增产计划会议，拟于下年度将产品产量增至 50 万台

C. 企业以 300 万元的固定资产对外投资

D. 企业接受客户发来的商品订单，客户拟订货 260 万元

4. 下列有关记账凭证的说法正确的有(　　)。

A. 记账凭证的填制与审核的作用主要在于：一方面防止不该登入账簿的业务进入会计账簿，另一方面确保该登入的都正确地进入会计账簿

B. 在课堂上讲的会计分录在我国会计实际工作中是没有的，其

对应的是记账凭证

C. 记账凭证登记的依据主要是原始凭证

D. 在会计电算化的情况下，记账凭证分为收、付和转账凭证的意义不大

5. 下列属于损益性费用的项目有(　　)。

A. 销售商品过程中发生的运输费

B. 采购原材料的过程中发生的运费

C. 商品展览费

D. 生产车间的水电费

得分	评阅人

三、判断改错题（用“○”表示正确，“×”表示错误，请将答案符号写在括号内，针对错误的命题请予以更正，共5小题，每小题2分，共10分）

1. 根据存在错误的记账凭证记账，过账后账簿记录出错，可以采用划线更正法更正。(　　)

2. 任何经济交易与事项的发生，都至少影响两个会计要素。(　　)

3. 企业既要设置总账和明细账，也要设置现金日记账和银行存款日记账。(　　)

4. 收入的取得既可能导致资产增加，也可能导致负债减少。(　　)

5. 在我国企业会计工作中，会计准则是会计工作的最高行为规范。(　　)

得分	评阅人

四、计算题（要求列示计算过程，共2小题，第1小题8分，第2小题7分，共15分）

1. 长江公司对甲材料采用永续盘存制进行核算，在2006年5月

份，甲材料的收发情况如下：

月初结存100公斤，单位成本9元；

7日购进100公斤，单位成本10元；11日领用50公斤；

14日购进350公斤，单位成本12元；17日领用400公斤；

20日购进50公斤，单位成本14元；23日领用50公斤。

要求：

分别按先进先出法和后进先出法计算当月领料成本和月末结存成本。

2. 长江公司管理部门用的设备，原值301 000元，预计净残值1 000元，预计使用年限为5年。

要求：

按年数总和法计算各年的年折旧额。

得分	评阅人

五、简述题（共2小题，各题均5分，共10分）

1. 简述借贷记账法的基本内容。（包括定义、记账符号、账户结构、记账规律、试算平衡）

2. 简要分析会计信息系统的四个基本环节。

得分	评阅人

六、综合题（本题共45分）

（一）根据长江股份有限公司10月份发生的下列经济交易与事项编制会计分录（共15小题，每小题2分，共30分）

1. 月初接受甲投资者400 000元的追加投资，款已存入银行，甲所占的份额为350 000元。

2. 以银行存款购入A材料30 000元；另外在A材料的采购过程中发生运杂费1 000元，已用现金支付，材料验收入库，计算并结转其实际购买成本。

3. 购买厂部管理部门用小汽车一台，价值200 000元，货款尚未支付。

4. 企业生产甲产品耗用A材料40 000元，生产乙产品耗用A材料30 000元，生产车间一般性消耗A材料1 000元，管理部门耗用A材料2 000元。

5. 本月企业应付职工工资10万元，其中生产甲产品工人工资60 000元，生产乙产品工人工资20 000元，车间管理人员工资10 000元，厂部管理人员工资10 000元。

6. 计提本月固定资产折旧，其中生产车间的固定资产折旧50 000元，行政管理部门固定资产折旧20 000元。

7. 本月发生制造费用合计为40 000元，按甲、乙两种产品的直接工资费用比例分配制造费用。

8. 本月完工入库甲产品500件，单位生产成本40元，结转产品实际生产成本。

9. 本期销售甲产品一批，售价为100 000元，货款尚未收到。

10. 结转上述所售甲产品的成本40 000元。

11. 以银行存款支付电台广告费12 000元。

12. 企业收到出租包装物的押金10 000元。

13. 以银行存款支付以前购货所发生的赊购款30 000元。

14. 企业本月实现税前利润200 000元，按所得税法的规定应缴所得税66 000元。

15. 根据税后利润，企业决定提取13 400元的盈余公积金，同时决定分配投资者利润50 000元。

（二）长江公司在10月1日相关账户的期初余额如下：

会计账户	金额（元）	描　　述
预收账款	24 000	10月1日，长江公司将其一闲置房屋租给H公司使用，并预收了第四季度的租金24 000元。
待摊费用	9 000	本年初，长江公司以银行存款支付本年的财产保险费36 000元。

续表

会计账户	金额（元）	描　　述
短期借款	200 000	8 月 1 日，长江公司向银行借入 6 个月期短期银行借款 200 000 元，年利率 12%，根据借款协议，到期一次还本付息。

此处假定以一个月作为一个会计期间，根据上述资料分析，长江公司在 10 月 31 日应进行哪些期末账项调整（以会计分录的形式表示）?（每小题 3 分 共 9 分）

（三）在期末对账的过程中，发现会计人员童雨针对上述问题（一）中的业务 11，在相关记账凭证上编制的会计分录为："借记待摊费用 12 000 元，贷记银行存款 12 000 元"，并且据以登记入账。如果这一错误不进行更正，将对企业期末会计报表上的相关项目造成影响。

请你将该错误对下表中的相关项目的影响情况以"√"标示出来。（每一项目 1 分，共 6 分）

项　目	流动资产	盈余公积	期间费用	主营业务利润	营业利润	净利润
增加						
减少						
不变化						

模拟试题二

会计学原理课程考试试题

题号	一	二	三	四	五	六	七	总分	计分人
分值	10	10	10	10	14	10	36	100	
得分									

得分	评阅人

一、填空题（共8小题，每空1分，共10分）

1. 当企业向银行借款时，可用记账符号________表示负债的变化。

2. 会计确认包括初始确认和再确认，企业将“现金”、“银行存款”、“其他货币资金”三个总账的期末余额予以汇总，以“货币资金”项目列示在资产负债表中，此属于会计的________确认。

3. 某企业计算A产品的销售成本时，是采用下列方法倒轧计算的：销售成本=期初结存成本+本期购入成本-期末实际结存成本。那么，该企业对A产品采用的盘存制度是________制。

4. 现金日记账根据现金收付款凭证登记外，还根据________登记。

5. 会计记录的基本程序分为________和________。

6. 对账是核对账簿记录正确与否的重要方法，对账工作通常包括账证核对、________核对和________核对。

7. 用来反映各会计要素基于企业资金运动状况而发生变化的综合会计等式为________。

8. 利润表各项目的货币数量信息应根据________类账户的本期发生额确定。

得分	评阅人

二、单项选择题（从备选答案中选出一个最合适的答案，写在括号内，共10小题，每小题1分，共10分）

1. 权责发生制会计原则的确立，就是以(　　)假设为直接依据。

A. 会计实体　　B. 持续经营

C. 会计期间　　D. 货币计量

2. “制造费用”明细账一般采用的账页格式是(　　)。

A. 三栏式　　B. 多栏式

C. 数量金额式　　D. 订本式

3. 根据权责发生制原则，可以在当期确认收入的是(　　)。

A. 预收客户的货款

B. 本期赊销商品

C. 收到客户交来的包装物押金

D. 收到客户上年度所欠的货款

4. 下列交易使会计等式“资产 = 负债 + 所有者权益”两边同时等额增加的是(　　)。

A. 企业以银行存款购买汽车

B. 企业以资本公积金转增资本

C. 企业以银行存款归还贷款

D. 企业接受投资者的投资

5. 我国及国际会计惯例所公认的基本计量属性是(　　)。

A. 现行成本　　B. 未来现金流量现值

C. 现行市价　　D. 历史成本

6. 会计信息的(　　)质量特征要求依据经济交易或事项的实质

和经济现实，而不仅依据其法律形式来记录和报告经济交易与事项。

A. 重要性　　　　B. 实质重于形式

C. 可理解性　　　　D. 相关性

7. 与货币资金的增减变化无关的记账凭证是(　　)。

A. 收款凭证　　　　B. 付款凭证

C. 转账凭证　　　　D. 通用凭证

8. 企业购买一批原材料，价款为 12 万元，其中 7 万元已用银行存款支付，剩下的 5 万元尚未支付。该交易使得(　　)。

A. 企业的资产总额增加 12 万

B. 企业的负债总额增加 5 万

C. 企业的所有者权益增加 7 万

D. 以上答案均不正确

9. 下列不属于我国基本财务报表的是(　　)。

A. 资产负债表

B. 资产减值准备明细表

C. 利润表

D. 现金流量表

10. (　　)属于我国会计法律法规制度体系中最高层次的规范。

A. 会计准则

B. 会计制度

C. 会计法

D. 企业财务会计报告条例

得分	评阅人

三、多项选择题（从备选答案中选出两个或两个以上的正确答案，并将答案写在括号内，共 5 小题，每小题 2 分，共 10 分）

1. 下列属于损益性费用的项目有(　　)。

A. 销售商品过程中发生的运输费

B. 采购原材料的过程中发生的运费

C. 商品展览费

D. 生产车间的水电费

2. 关于借贷记账法表述正确的有(　　)。

A. 以“借”和“贷”作为记账符号

B. 账户的基本结构为左借右贷，借方登记增加数，贷方登记减少数

C. 按“有借必有贷，借贷必相等”的记账规则记账，其结果是每个账户的借、贷方发生额相等

D. 可以根据账户记录的结果，判断账户记录过程的正确性

3. 企业的下列(　　)经济活动的原始数据能够纳入到会计信息系统予以处理。

A. 企业发行股票以筹集资金 8 000 万元

B. 企业召开增产计划会议，拟于下年度将产品产量增至 50 万台

C. 企业以 300 万元的固定资产对外投资

D. 企业接受客户发来的商品订单，客户拟订货 260 万元

4. 下列(　　)会计计量与信息披露方法，体现了稳健性（谨慎性）原则。

A. 对应收账款计提坏账准备

B. 在物价上涨的情况下采用后进先出法对期末存货价值进行计量

C. 按加速折旧法计提固定资产折旧

D. 以商品赊销金额作为所确认的收入的金额

5. 下列(　　)项目可以作为企业的资产。

A. 企业赊购的原材料

B. 企业以融资租赁方式租入的设备

C. 企业用于出租的房屋

D. 计划购买的汽车

得分	评阅人

四、判断改错题（用“○”表示正确，“×”表示错误，请将答案符号写在括号内，针对错误的命题请予以更正，共5小题，每小题2分，共10分）

1. 根据权责发生制，企业发生支出，必然会引起当期利润减少。（ ）

2. 任何经济交易与事项的发生，都不会影响会计等式的平衡关系。（ ）

3. 总账和明细账是企业最重要的会计账簿，任何进行会计核算的企业都要设置总账和明细账。（ ）

4. 收入往往表现为货币资金的流入，但并非所有货币资金的流入都是收入。（ ）

5. 会计主体等于法律主体。（ ）

得分	评阅人

五、计算题（要求列示计算过程，共2小题，第1小题8分，第2小题6分，共14分）

1. 朗能公司对甲材料采用永续盘存制进行核算，在2005年6月份，甲材料的收发情况如下：

月初结存100公斤，单位成本14元；

5日购进100公斤，单位成本13元；10日领用50公斤；

15日购进350公斤，单位成本12元；20日领用400公斤；

25日购进50公斤，单位成本10元；27日领用50公斤。

要求：

分别按先进先出法和后进先出法计算当月领料成本和月末结存成本。

2. 澜湖公司管理部门用的设备，原值300 000元，预计净残值4 800元，预计使用年限为5年。

要求：

（1）澜湖公司采用年限平均法计算折旧，则该设备第三年应计提的折旧费用是多少？

（2）若澜湖公司改用双倍余额递减法计算折旧，则该设备第三年应计提的折旧费用是多少？

得分	评阅人

六、分析说明题（简要说明问题的要点，共2小题，各5分，共10分）

1. 请以流程图的形式列示我国企业的会计循环的整个过程。

2. 试举例说明经济交易及事项的发生对会计要素及会计等式的影响。

得分	评阅人

七、综合题（本题共36分）

（一）根据朗能股份有限公司10月份发生的下列经济交易与事项编制会计分录（共15小题，每小题2分，共30分）

1. 月初接受投资者800 000元的追加投资，款项已存入银行。

2. 以银行存款购入A材料40 000元；另外在A材料的采购过程中发生运杂费5 000元，已用银行存款支付，材料验收入库。

3. 以银行存款250 000元购买厂部管理部门用小汽车一台。

4. 企业生产甲产品耗用A材料42 000元，生产乙产品耗用A材料34 000元，生产车间一般性消耗A材料4 000元，管理部门耗用A材料2 000元。

5. 本月甲产品的生产工人工资50 000元，乙产品的生产工人工资40 000元，车间管理人员工资15 000元，厂部管理人员工资16 000元。

6. 计提本月固定资产折旧，其中生产车间的固定资产折旧42 000元，行政管理部门固定资产折旧36 000元。

7. 本月发生制造费用合计为180 000元，按甲、乙两种产品的直接工资费用比例分配制造费用。

8. 本月完工入库甲产品 1 500 件，单位生产成本 60 元，结转产品实际生产成本。

9. 本期销售甲产品一批，售价为 66 000 元，货款尚未收到。

10. 按 5%的税率计算本期销售甲产品应负担的税金费用（以上述销售收入为计税基础）。

11. 结转上述所售甲产品的成本 52 000 元。

12. 以银行存款支付电台广告费 22 000 元。

13. 对外销售 A 材料，售价 13 000 元，货款已收到并存入银行。

14. 结转上述所售材料的购置成本 4 600 元。

15. 月末进行财产清查，发现 A 材料短缺 1 720 元，经查是由保管员张明过失造成的，经批准责成张明全额赔偿。

（二）朗能公司在 10 月 1 日相关账户的期初余额如下：

会计账户	金额（元）	描 述
预收账款	48 000	10月1日，朗能公司将其一闲置房屋租给 H 公司使用，并预收了第四季度的租金 48 000 元。
待摊费用	12 000	上年年末，朗能公司以银行存款支付本年的财产保险费 48 000 元。
短期借款	360 000	8月1日，朗能公司向银行借入 6 个月期短期银行借款 360 000 元，年利率 12%，根据借款协议，到期一次还本付息。

此处假定以一个月作为一个会计期间，根据上述资料分析，朗能公司在 10 月 31 日应进行哪些期末账项调整（以会计分录的形式表示）?（每小题 2 分，共 6 分）